次世代クラウドベース3DCAD

Fusion 360

操作ガイド
ベーシック編

2020年版

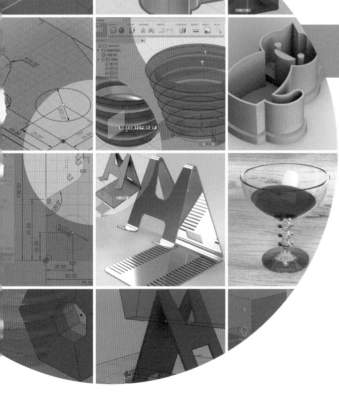

スリプリ（株式会社 VOST）

三谷大暁／別所智広／坂元浩二◉共著

カットシステム

はじめに

　3D プリンターをはじめ、レーザーカッターや卓上 CNC などの工作機械を使用したデジタルファブリケーションが、より身近になってきました。今までのアナログな方法とデジタルを組み合わせて、新しいモノづくりが手軽にできる世界が広がろうとしています。

　しかし、3D プリンターや CNC を使った新しいモノづくりをするには、3D データを作成する必要があります。3D のソフトは一般的になじみがなく、とても難しそうでとっつきにくそうというイメージが先行しているのが現状です。

　現在、教育現場や仕事の中で 3D ソフトに触れる機会は「専門知識」として修得する以外には皆無です。今後 3D プリンターの普及と同時に、小学校の工作の時間に 3DCAD に触れることが当たり前になれば、「なんだ、3D ソフトって簡単なんだ」という認識も広がってくるかもしれません。

　私たちスリプリは、3DCAD/CAM メーカーで実務経験を積んだ「3D ソフトのプロフェッショナル」として、3DCAD は難しくないことを広めたいと考えています。文書を作成するのに Word を、表やグラフを作るのに Excel を使うように、3D データを作るのに CAD を使うことが当たり前になり、誰もがモノづくりを身近に感じることができる世界を目指しています。

　本書は、2014 年 6 月より定期開催している「スリプリ Autodesk Fusion 360 CAD セミナー」から生まれました。よりわかりやすく、より丁寧にをモットーに進化を続けてきたセミナーは、アンケートの 9 割以上で「大変満足」をいただいております。

　全国で定期開催中ですので是非ご参加ください。

　「スリプリ　セミナー」で検索！
　http://3d-printer-house.com/3dcad-campus/

　本書は初心者目線で専門用語をかみ砕いた楽しい題材を基に、基本的な機能や 3D データを作成する際の考え方を身に付けていただける内容になっています。是非楽しみながら学んでいただき、「欲しいモノをいつでも作れる」すばらしさを体験してください。

　You can MAKE Anything!!
　Let's enjoy 3D!!

Fusion 360 の特徴

Fusion 360 は、オートデスク株式会社が開発を行っている 3 次元 CAD です。オートデスク株式会社は 1980 年代から 2 次元 CAD を販売し、CAD という分野を作り上げた企業です。また、3DCG の 3 大ソフトウェアを買収するなど、CAD と CG 両方の技術に長けた企業です。

Fusion 360 はそれらの技術を利用し、クラウドベースという新しい概念を取り込んだ最新のソフトウェアです。通常は高価格帯でしか実現していなかった多彩な機能が、安価（ビジネス用途以外は現状無料）で提供されています。

Fusion 360 の動作環境

- Apple® macOS ™ Mojave v10.14、Apple® macOS ™ High Sierra v10.13、Apple® macOS ™ Sierra v10.12
  ※ Mac® OS® X v10.11.x（El Capitan）のサポートは、2019 年 1 月で終了しました。
- Microsoft Windows 7 SP1、Windows 8.1、Windows 10（64 ビット版のみ）
- CPU：64 ビットプロセッサ（32 ビットはサポートされていません）
- メモリ：3GB の RAM（4GB 以上を推奨）
- ADSL 以上のインターネット接続速度
- ディスク容量：最大 2.5GB
- グラフィックスカード：GDDR RAM 512MB 以上（Intel GMA X3100 カードを除く）
- ポインティングデバイス：マイクロソフト社製マウスまたはその互換製品、Apple Mouse、Magic Mouse、MacBook Pro Trackpad

※ 2019 年 11 月現在
※動作環境はリリースごとに更新されます。公式ホームページより最新情報をご確認ください。

特徴 1：わかりやすいユーザーインターフェイス

ソフトウェアの使いやすさはわかりやすいユーザーインターフェイスから生まれます。各コマンドには作成できる形状のアイコンが付いており、どのような操作ができるのかを直観的に理解できるため、初心者でもなじみやすいインターフェイスになっています。

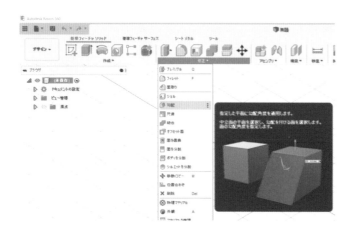

特徴 2：多様なコマンド群

　無償の 3DCAD は、無償が故にコマンドが少なくなっており、曲線を描いたりカタチを作ったりする際に多くのステップが必要になっていました。Fusion 360 は、多様なコマンドにより、より直観的に、より早く、モデルを作ることができるようになっています。

特徴 3：履歴管理機能

　どのようにカタチを作成してきたか、という履歴情報が付いているため、いつでもカタチを編集することができます。これは一般的には高価格 CAD にしか付いていない「パラメトリックモデリング」という方法で、数字を変えるだけで簡単に大きさを変えたり、複雑なカタチに変更したりすることができます。3D プリンターで造形してみたけど、ちょっとカタチを変えようかな、少しサイズが大きなものがほしいな、といったときに、無償の 3DCAD ではデータを一から作り直す必要があることがほとんどです。Fusion 360 の履歴管理機能を使うと、3D プリンターの「すぐにほしいものが作れる」というメリットを最大限に生かすことができます。

特徴 4：滑らかな曲面作成機能

　通常、大きさの決まったモノを作るには CAD、滑らかな曲面を持ったモノを作るには CG という、別々のソフトを組み合わせるしかありませんでした。Fusion 360 は CAD が不得意としていた滑らかな曲面を作る T スプラインという新しい機能を持ち、粘土細工のように直観的な操作で滑らかな曲面を作成できるようになっています。また、大きさをきちんと決めた CAD 機能との組み合わせが可能なため、2 つのソフトウェアを修得する必要がなくなっています。

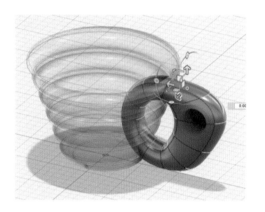

特徴 5：板金モデル作成機能

　板金モデルとは、金属の板を曲げてつくるモデルです。実際に作成できるように角には曲げが自動で入り、重なってしまう部分も自動で調整してくれます。また、板金モデルは板状のモデルに簡単に変換できるため、実際に必要な材料の形が得られます。
※本書では板金機能の使用方法はご紹介しておりません。

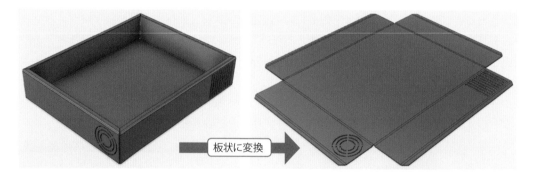

板状に変換

特徴 6：コラボレーション機能

Fusion 360 は最新のクラウド統合型 CAD となっており、ウェブブラウザはもちろん、Android や iPhone のアプリでデータを開くことも可能です。

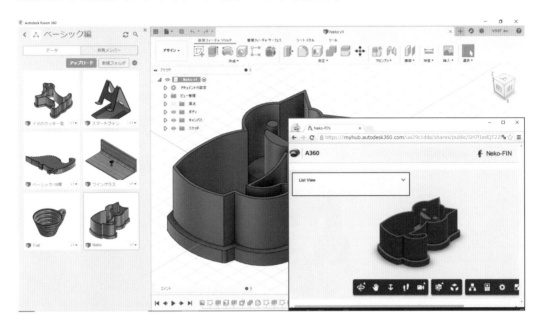

特徴 7：レンダリング機能

作ったカタチを写真で撮ったかのようなリアルな画像で表現できる機能、それがレンダリング機能です。

通常この機能だけで専門ソフトウェアが必要でしたが、Fusion 360 には標準搭載されています。3D プリントする前に完成イメージをつかんだり、作ったものをウェブで紹介したりする際に利用できる、非常に楽しい機能です。

特徴 8：アセンブリ機能

　複数の部品を作成する場合、組み立てた際に干渉してはまらないことがないか、可動部品を動かしたときに正しく動くか、といった検証をすることができます。Fusion 360 では一般的な3DCAD に搭載されているパーツ同士の組立機能に加え、隣接する部品を簡単に設計するための機能が多彩に用意されています。

※本書ではアセンブリ機能の使用方法はご紹介しておりません。

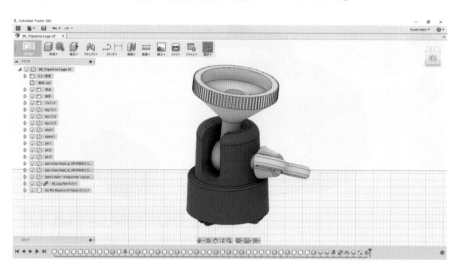

特徴 9：解析機能

　設計段階で、強度が弱く壊れる可能性がある箇所や、どのように変形するかをシミュレーションすることができます。

　実際にモノを作らなくても強度を強くできるため、試作の回数を減らすことができます。

※本書では解析機能の使用方法はご紹介しておりません。

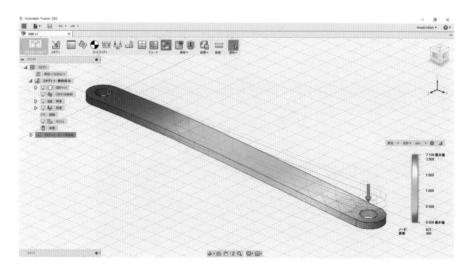

特徴 10：CAM 機能

　木材やプラスチック、金属などを削ってカタチを作る CNC 工作機械を動かす頭脳となるのが CAM というソフトウェアです。通常は CAD ソフトと CAM ソフトは別のソフトになっており、それぞれのソフトを学ぶ必要がありましたが、Fusion 360 はその両方をシームレスにつないで使用することができます。

※本書では CAM 機能の使用方法はご紹介しておりません。

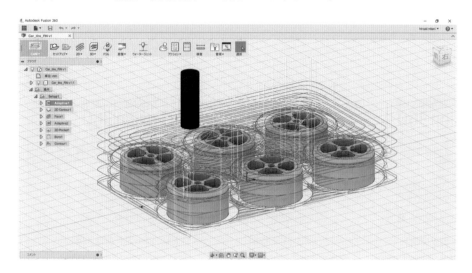

本書の使い方

　本書で使用するデータ及び課題の解答は、ウェブサイトにて公開をしております。
　以下の URL を検索し、巻末の袋とじ内に記されているナンバーを入力してデータをダウンロードしてください。

　　「スリプリブック」で検索！
　　https://cad-kenkyujo.com/book/

スリプリブックをご活用いただくために会員登録をお願いしております。
Fusion 360 はアップデートが頻繁に行われるため、書籍を十分に活用いただけるよう、次年版出版までのアップデート情報や有益な情報を発信しております。会員登録後、課題データのダウンロードおよび、課題解答を見ることができるようになります。また、会員登録していただくことで、本サイトに掲載されている会員限定のコンテンツのダウンロードが可能になりますので、今後の学習に是非お役立てください。

スリプリブック課題解答一覧とデータダウンロード

Autodesk Fusion360の人気講座が、「スリプリブック」としてついに書籍化！

このページでは、スリプリブックの解答の確認と課題に使用するデータのダウンロードができます。
該当する書籍の「課題解答・データダウンロード」ボタンをクリックしてください。

※ 最新バージョンに対応した改訂版もこちらから見ることができます。

[ベーシック編]

課題解答・データダウンロード

[アドバンス編]

課題解答・データダウンロード

[スーパーアドバンス編]

課題解答・データダウンロード

[CNC・切削加工編1]

課題解答・データダウンロード

[CNC・切削加工編2]

課題解答・データダウンロード

　本書は、手順を追いながら操作できる演習と、それに関連する課題が用意されています。演習を行った後、課題にチャレンジしてみてください。

　課題の解答も、上記 URL よりご覧いただけますのでご活用ください。

　本書の内容は、2019 年 11 月時点での内容となっております。Fusion 360 がアップデートされたことにより、本書の手順通りに操作ができないなどの情報もこちらのウェブサイトに掲載しておりますので、併せてご覧ください。

※本ウェブサイトは予告なく変更する可能性がありますので、あらかじめご了承ください。

公式掲示板「コミュニティフォーラム」のご紹介

「コミュニティフォーラム」はオートデスク公式の Fusion 360 掲示板です。ユーザーが自由に質問などを書き込むことができ、オートデスクスタッフだけではなくユーザー同士で問題解決をする交流の場になっています。また、検索することもできるため、機能把握や問題解決に是非ご活用ください。

「コミュニティフォーラム」は Fusion 360 のヘルプメニューの [コミュニティ] - [フォーラム] をクリックする事でアクセスできます。

CAD CAM CAE の使い方や最新ニュースサイト「キャド研」のご紹介

　「キャド研」では、本書で紹介しきれなかった Fusion 360 の最新情報や便利な使い方の動画、すべての設定項目について説明したコマンド一覧などを公開しております。

　また、Fusion 360 のエバンジェリストから Fusion 360 のブロガー、はたまたものづくり女子大生まで、様々な Fusion 360 に関する記事が読めるサイトとなっております。

　本書を学んだ後のスキルアップツールとして是非ご活用ください。

　「キャド研」で検索！

　https://cad-kenkyujo.com/

企業向けサービス「BIZ ROAD（ビズロード）」のご紹介

　株式会社 VOST では、企業で Fusion 360 を活用いただけるよう、Fusion 360 の企業向けサービス「BIZ ROAD」をご用意しております。本書で取り上げる Fusion 360 の CAM 機能を利用し、マシニングセンタを始めとする産業用工作機械をフル活用するには、教育セミナーでの教育や、ポストプロセッサのカスタマイズが不可欠です。

　ソフトウェアを使用する技術者様の早期育成に、是非ご活用ください。

　「ビズロード」で検索！

　http://bizroad-svc.com

Fusion 360 のインストール方法

① 公式ウェブサイト（http://www.autodesk.co.jp/products/fusion-360/overview）より、「無償体験版 ダウンロード」ボタンを選択し、ダウンロードします。

② ダウンロードが自動的に始まります。

ダウンロードが始まらない場合は、「もう一度試してください。」をクリックし、ダウンロードします。

③ダウンロードしたファイルをダブルクリックし、インストールします。

④Autodesk アカウントをお持ちの方は、メールアドレスとパスワードを入力して「サイン
　イン」します。Autodesk アカウントをお持ちでない方は、「アカウントを作成」を選択し、
　ユーザー情報を入力します。

Fusion 360 の公式 Facebook ページでは、Fusion 360 の新機能をはじめ、「Fusion 360 Meetup」などのイベント情報などが紹介されています。

Facebook を利用されている方は、最新情報を見逃さないようにページへの「いいね！」をしてみてください。

「Fusion 360 Japan」で検索！
https://www.facebook.com/Fusion360Japan/

また、Twitter および Youtube にも公式アカウントがございます（「Fusion 360 Japan」で検索）。

Twitter https://twitter.com/Fusion360Japan?lang=ja
Youtube https://www.youtube.com/channel/UCqmZCkX0ZYFywI5RxeQht6A

本書の全体の構成

第1章：データを作成する前に画面構成や操作方法を学習します。

第2章：第1章を踏まえて、実際に 3D データ作成して
いきます。この章では、基本の流れを知っていただくた
めに、あえて寸法などの細かな調整をしていません。

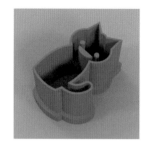

第3章：第2章で作成した 3D データを使用して、3D
プリンターの使用方法を学習します。

第4章：Fusion 360 の特徴でもあるクラウドでのデー
タの管理方法を学習します。
第5章：正確に、意図通りのスケッチ（図形）を描く練
習をします。

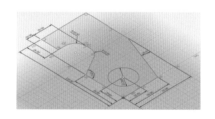

第6章～第10章：様々なモデルを作りながら、各コマ
ンドの使い方とともに、履歴操作・レンダリング（CG
画像）の作成方法・フォームモードでの 3D データの作
成方法を学びます。

目　次

第 1 章　画面操作について学ぼう 1

第 2 章　ネコのクッキー型を作ろう 7

第 **1** 章

画面操作について学ぼう

次の内容を学習します。

- ● 画面の説明
- ● 画面の操作方法
- ● 座標の考え方

1.1 画面の説明

画面の各箇所の名前は以下の通りです。

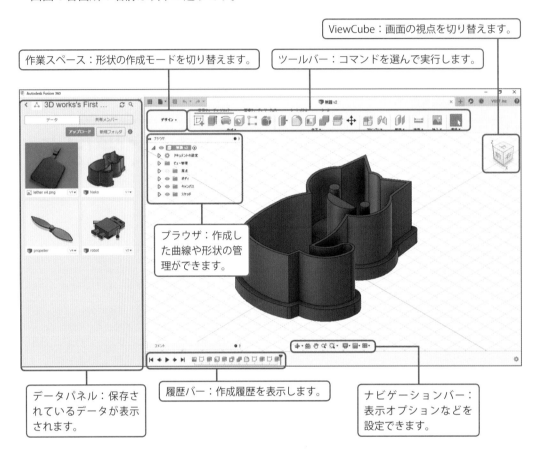

ViewCube：画面の視点を切り替えます。

作業スペース：形状の作成モードを切り替えます。

ツールバー：コマンドを選んで実行します。

ブラウザ：作成した曲線や形状の管理ができます。

データパネル：保存されているデータが表示されます。

履歴バー：作成履歴を表示します。

ナビゲーションバー：表示オプションなどを設定できます。

1.2　画面の操作方法

画面を操作する場合、真ん中にホイールの付いた3ボタンマウスを使用すると便利です。
マウスの操作方法は以下の通りです。

画面ズーム（画面をズームイン・ズームアウト）	マウスホイール回転
画面移動（画面を左右に動かす）	ホイールボタンを押し込んで動かす
画面オービット（画面をくるくる回す）	Shift ＋ホイールボタンを押し込んで動かす
要素を選択したいとき	左クリック
コマンドを呼び出すとき	右クリック

 画面の操作には、ホイールボタンを使い、何かを選択するときにはクリックを使用すると覚えましょう。

 Fusion 360 ではホイールボタンをぐっと押し込んでクリックする操作を多用します。ホイールボタンを押し込む操作に早めに慣れましょう。

 ViewCube で画面オービットをすることもできますが、マウスでの操作の方がマウスの移動量が少なく、早いです。モデルを作る際に、見やすい方向から見る操作は他のどんな操作よりも多いです。なるべく早く慣れましょう。

 ViewCube の上にマウスカーソルを乗せると、左上に家のマークが出ます。これをクリックすると、いつでも斜めから見たホームビューで表示ができます。

1.3 Fusion 360 の初期設定の変更

　一般的には Z 軸を高さとした座標系がほとんどです。Fusion360 の座標系の初期値も、Z 軸が高さ方向となっています。

　本書でも、Z 軸を高さ方向として進めますので、念のため設定を確認しておきましょう。
［ユーザー名］-［基本設定］を開きます。

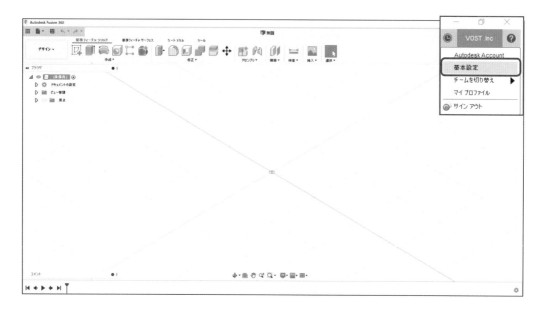

「一般」で「既定のモデリング方向」を「Z（上方向)」に設定し、[OK] で確定します。

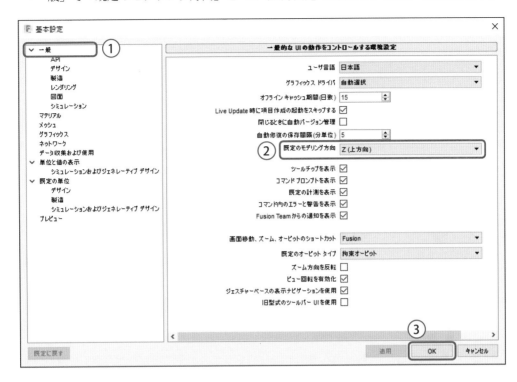

[一般] - [デザイン] の「参照された自動投影エッジ」を有効にします。

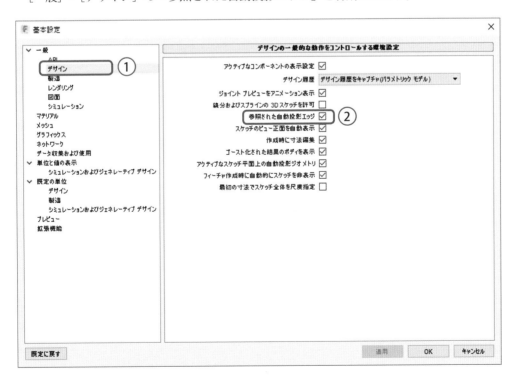

「参照された自動投影エッジ」を有効にすることで、線を描く時に利用した形状のエッジが
自動で線として作成されます。

1.4 座標の考え方

平面上の横軸を X 軸、縦軸を Y 軸、高さ方向を Z 軸と呼びます。
それぞれの軸が交わる点を「原点」と呼び、モデルを作成する際の基準とします。

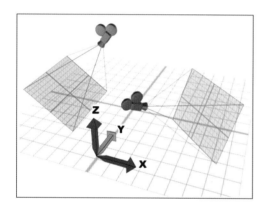

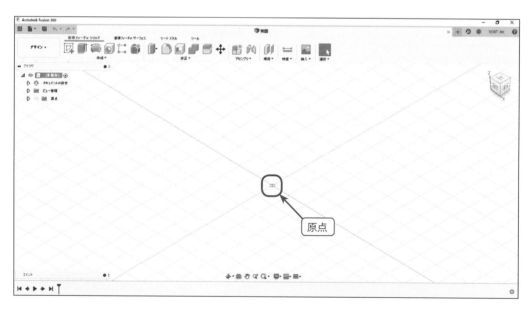

原点

第 2 章

ネコの
クッキー型を作ろう

次の内容を学習します。

- 画像を下書きにしたスケッチの描き方
- 線の描き方（直線、円弧、スプライン、楕円）
- 線の編集方法（トリム）
- 形状の作り方（押し出し）
- 形状の編集方法（シェル、プレス / プル、結合、
  フィレット）
- ブラウザの使い方

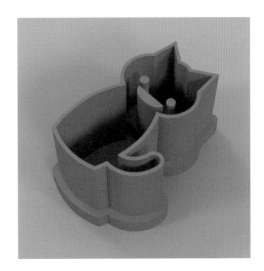

2.1　この章の流れ

　この章では、3D データの基本の 3 ステップ「スケッチ (図形) を描く」→「3D 形状の作成」→「3D 形状の修正」を学びます。このステップに集中してもらうために、この章ではスケッチの細かい調整はしていません。

　ゼロから 3D 形状を作成するためのスケッチを描くのは大変なため、下書き用に画像を配置します（2.3節）。

　基本ステップ 1：画像をなぞり、スケッチを作成します（2.4 節）。

　基本ステップ 2：3D 形状を作成します（2.5 節）。

　基本ステップ 3：3D 形状を修正します（2.5 節）。

2.2 新規ドキュメントの作成

［ファイル］-［新規デザイン］で新しいドキュメント
を立ち上げます。

 Fusion360を起動すると「無題」というド
キュメントが立ち上がっているので、それ
をそのまま利用してもOKです。
ただし、Z軸が上になっていること、履歴
バーに履歴が残っていないことを確認しま
しょう。

2.3 下書きのネコの画像を配置しよう

　ネコの基となる画像を、［挿入］-［キャンバス］コマンドを使用して配置します。挿入ダイ
アログで［Insert from my computer］を選択します。

「イメージ」を選択し、ネコの画像を選択します。

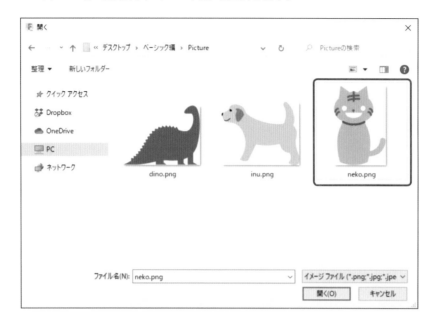

 使用するデータは、以下の URL からダウンロードできます。

　　　https://cad-kenkyujo.com/book/（スリプリブックで検索）

「Picture」フォルダに入っている「neko.png」ファイルを使用します。

配置する平面を選択します。

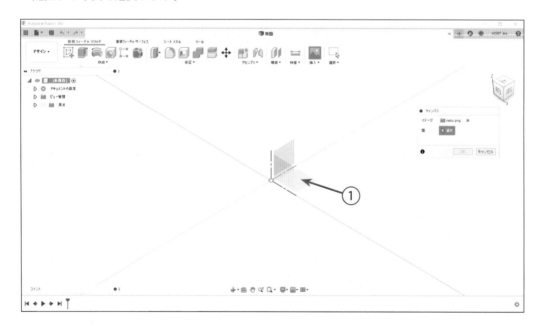

　ネコの大きさを「3.5 倍」に変更し、「キャンバスの不透明度」が「50」になっていることを確認します。

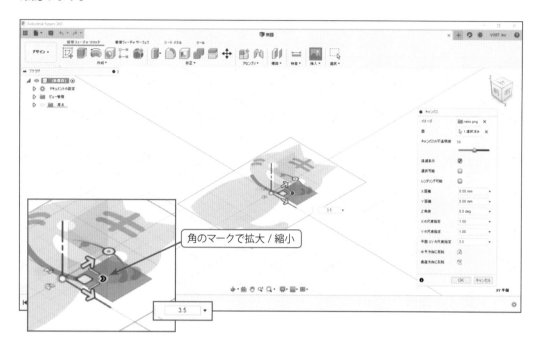

角のマークで拡大 / 縮小

　右側に出ているのが、設定ダイアログボックスです。

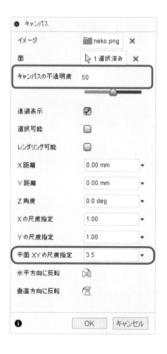

数値の入力は、単位を含めてすべて消してから入力しても、自動的に単位は補完されます。

2.4 画像をなぞろう

［スケッチを作成］をクリックし、スケッチを描く面（XY 平面）を選びます。

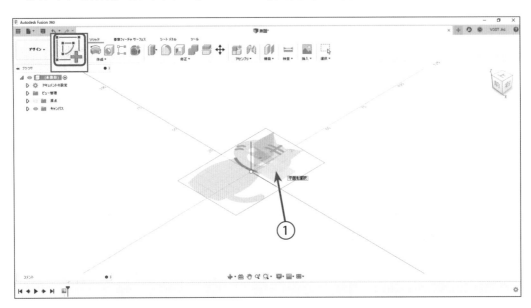

スケッチを描く際には、どの平面に描くかを一番初めに決定します。この作業を忘れると思っているのと違う平面にスケッチがかかれてしまいますので、注意してください。

［作成］-［線分］を選択し、耳をなぞる線を作成します。

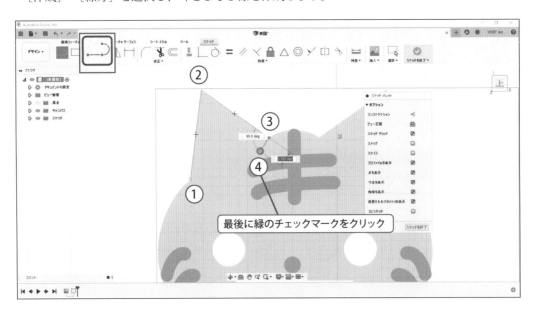

最後に緑のチェックマークをクリック

スケッチを描く際には、マウスはドラッグしません。1か所ずつクリックしてください。

同様に、右の耳もなぞります。
「スナップ」をOFFにしておくと、なぞりやすいです。

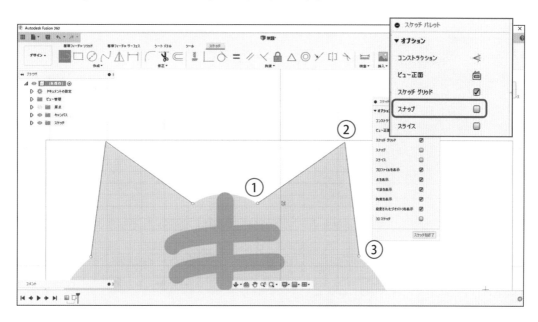

［作成］-［円弧］-［3点指定の円弧］で顔の輪郭をなぞります。

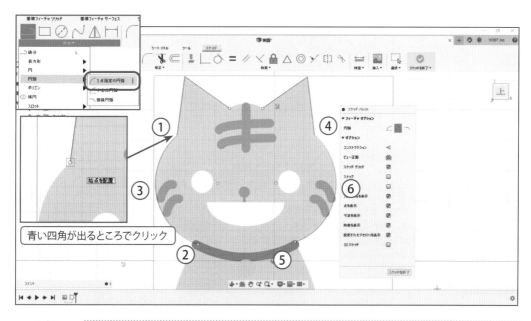

［3点指定の円弧］コマンドは、①円弧の端点、②円弧の反対側の端点、③円弧の真ん中の点という順番で指定します。

頭の部分も、同様に円弧を作成します。

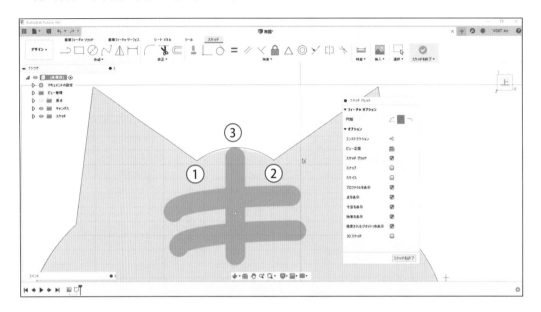

［作成］-［スプライン］-［フィット点スプライン］で胴体の側面をなぞります。

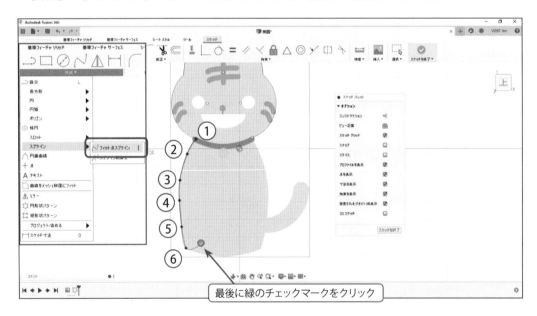

最後に緑のチェックマークをクリック

通過点は、多すぎると形を整えにくいです。今回の例では、多くても6点程度で輪郭が描けるように、幅を広めにとって作業をしてください。

続けて、胴体の反対側の側面をなぞります。

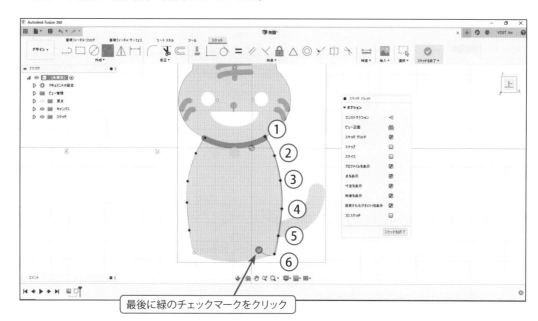

最後に緑のチェックマークをクリック

キーボードの Esc キーを押して「選択」ボタンが押されている状態が、何もコマンドが取られていない状態です。コマンドをキャンセルするイメージで使用してください。

［選択］の状態で要素を選択すると、青くハイライトし、選択された状態になります。画面の何もないところをクリックすることで選択を全解除できます。

たくさん出てくるポイントは、各通過点の制御点です。Esc キーを押してからポイントをドラッグすると、移動できます。

スプライン曲線ってなんだろう？

　スプライン曲線は、通過点と制御点を基に滑らかな曲線を描くためのコマンドです。ここでは［フィット点スプライン］について解説します。

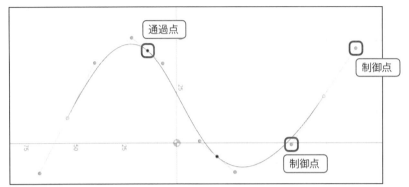

　1つの通過点に2つの制御点があり、通過点で接しています。制御点をドラッグで移動すると、その位置の通過点の曲率が変わります。

　また、作成したスプラインを選択して右クリックすると、スプライン特有のコマンドが出てきます。

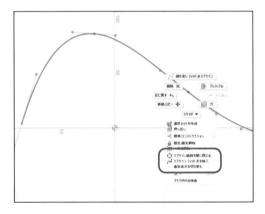

［スプライン曲線を開く / 閉じる］	スプライン曲線を、開いた曲線 (開曲線) か閉じた曲線 (閉曲線) に切り替えることができます。
［スプライン フィット点を挿入］	左クリックした位置に通過点を追加することができます。
［曲率表示を切り替え］	曲線の曲率を表示します。曲率が急なところほど赤い線が元の曲線より遠くに表示されるようになります。

［作成］-［円弧］-［3点指定の円弧］で胴体の底面としっぽをなぞります。

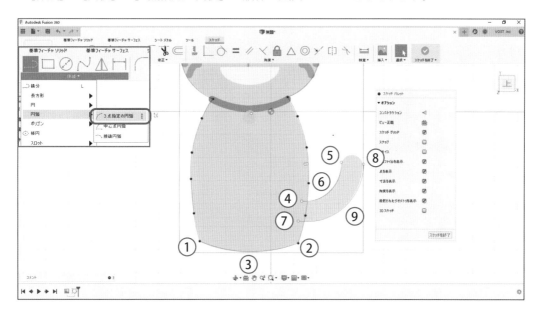

続けて、しっぽの先端もつなぎます。

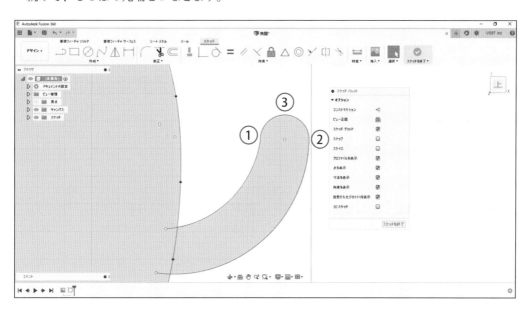

スプラインは、自由な曲線が描ける一方、通過点を移動することによってきれいな形に整えにくい場合があります。そのため、［線分］や［3点指定の円弧］などを多用して作成したほうが、きれいになることが多いです。

［修正］-［トリム］でしっぽと胴体の余分な線を取り除きます。

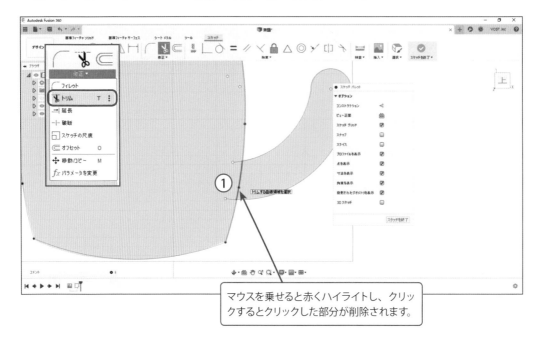

マウスを乗せると赤くハイライトし、クリックするとクリックした部分が削除されます。

残り2か所もトリムします。

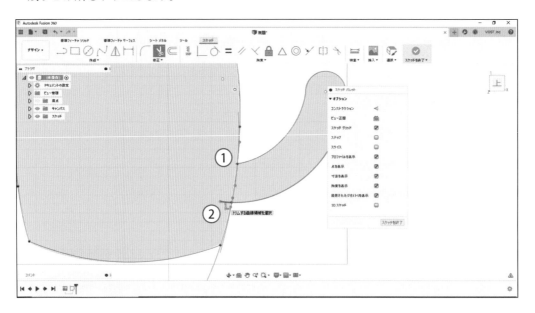

ブラウザの「キャンバス」の目のアイコンをクリックし、画像を非表示にします。

作成した要素は、ブラウザにすべて格納されます。目のアイコンで表示/非表示を切り替えることができます。

曲線がすべて閉じると、閉じた箇所がオレンジ色で表示されます。この領域を「プロファイル」と呼びます。立体にするためには、プロファイルになっている必要があります。オレンジ色になっていない場合には、曲線の端の点をドラッグして、閉じてください。

以下のようになったら、［スケッチを終了］でスケッチを終了します。

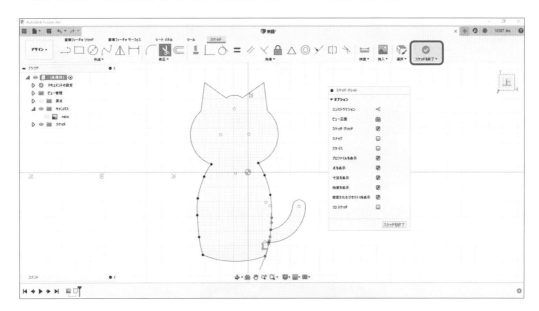

スケッチを描いている際には、「スケッチモード」に入っています。始めにスケッチを描く平面を決定した際に、スケッチモードがスタートしています。スケッチを描き終わったときには、必ず［スケッチを終了］でスケッチモードを終了します。

2.5 下書き線から形状を作ろう

［作成］-［押し出し］で上に「20mm」伸ばします。

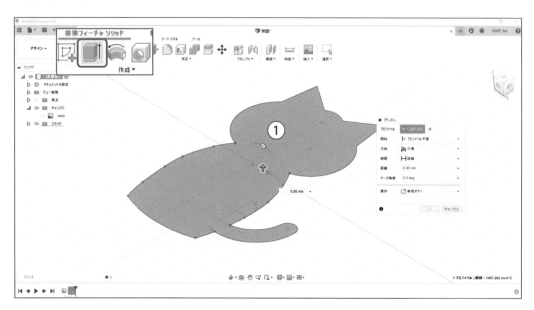

 ViewCube の上にマウスカーソルを乗せると、左上に家のマーク が出ます。これをクリックすると、いつでも斜めから見たホーム ビューで表示ができます。

「距離」を「20mm」に変更します。

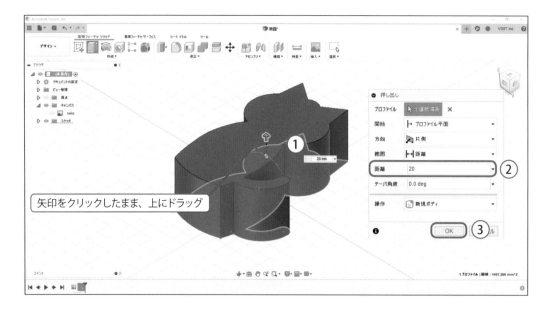

Enterキーでもコマンドを確定できます。

［作成］コマンドは、形状を新たに作成するときに使用します。これから使用する［修正］
コマンドは、形状に対して編集を加えるときに使用します。
これから「作るのか」「編集するのか」を考えておくと、スムーズにコマンドを選択することができるようになります。

［修正］-［シェル］で上面を選択し、内側の厚さを「1mm」に設定してくりぬきます。

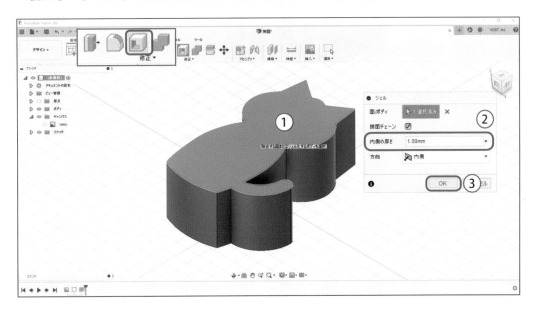

上面がくり抜かれた形状になります。

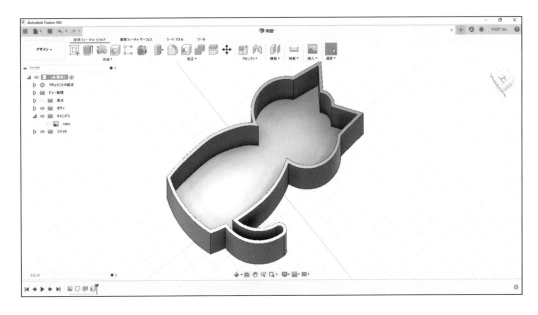

同時に、設定を変更し、底部分を削除します。

画面を底部分が見える位置に回転します。

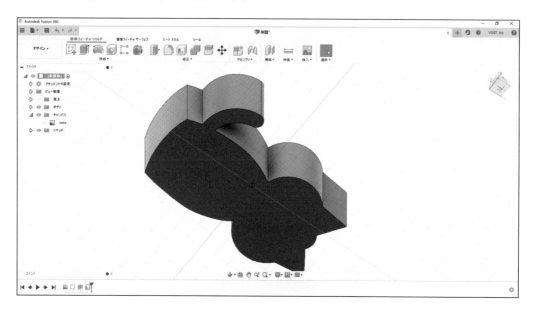

履歴バーのシェルをダブルクリックすることで、操作を編集できます。

 設定を間違えて Enter で確定してしまった場合など、今行った操作の設定を変更するには、履歴バーで一番右のアイコンをダブルクリックすることで編集ができます。

Ctrlキー（MacはCommandキー）を押しながら底面もクリックします。

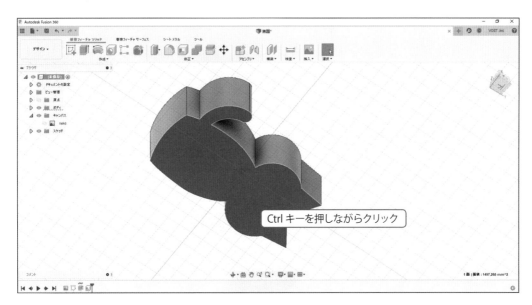

Ctrlキー（MacはCommandキー）を離すと、両面が抜けます。合わせて、「方向」を「外側」に設定し、「外側の厚さ」に「1 mm」を設定します。

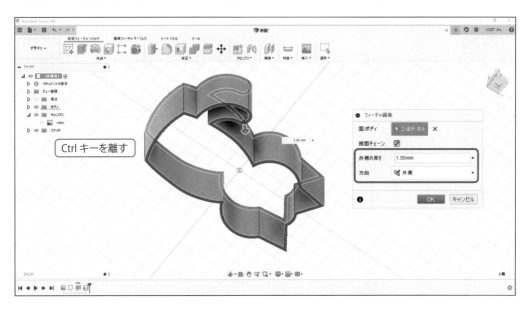

要素を選択する際に、Ctrlキー（MacはCommandキー）を押しながら選択することで複数の要素を選択できます。複数選択した場合には、「(数字) 選択済み」という表示になります。すべての選択を解除する場合には、横の×ボタンをクリックします。

2.6 底面をアレンジしよう

［作成］-［押し出し］で底面を「5mm」伸ばします。「操作」を「新規ボディ」に設定します。

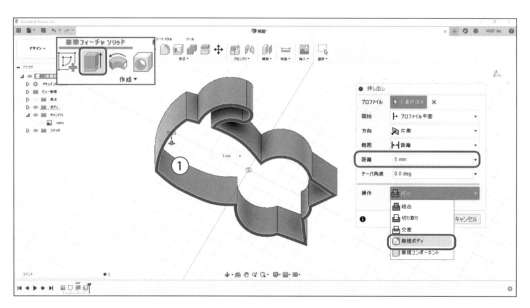

ワンポイントアドバイス
　隣り合う位置に既に形状がある場合、「操作」は自動的に「結合」に設定され、足し算されます。
新しく別の形状を作成する場合は、「操作」を「新規ボディ」に設定します。

作業がしやすいように、ブラウザで「ボディ1」を非表示にします。

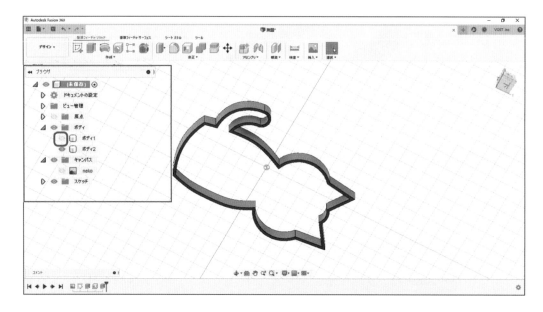

作成した要素は、ブラウザにすべて格納されます。目のアイコンで表示 / 非表示を切り替えることができます。

［修正］‐［プレス / プル］で外側のフェイスをすべて選択し、外側に「2mm」伸ばします。

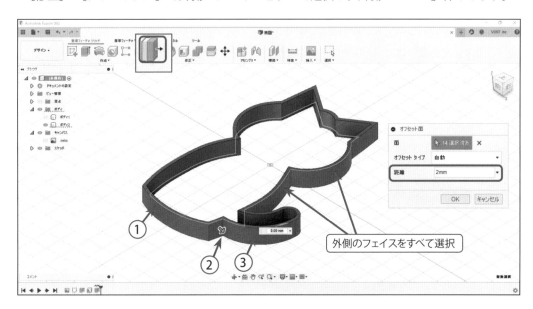

ブラウザで「ボディ1」の目のアイコンを選択し、表示します。

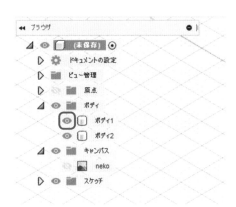

「操作」設定を極める

　モデルを作成する際に使用する［押し出し］や［回転］、［ロフト］といったコマンドには、「操作」という設定があり、自動的に形状同士の足し算や引き算を同時に行えます。この「操作」の設定は便利な反面、形状の作り方によって自動的にシステムが初期設定を変更するため、初めて使う人にとってわかりづらくなっています。押し出しコマンドを例に、どのような動作をするのか確認してみましょう。

　何もないところに形状を立ち上げる場合、「操作」は自動的に「新規ボディ」に設定され、新しいボディが作成されます。

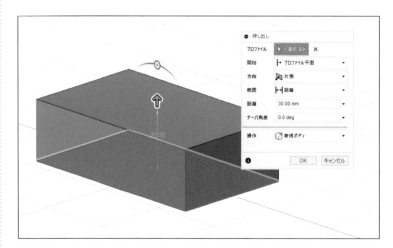

　形状に接した箇所にあるスケッチを押し出しすると、「操作」は自動的に「結合」に設定され、2つの形状は足し合わされた状態になります。

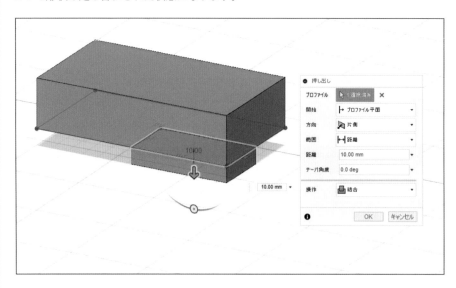

　形状にぶつかるように押し出しすると、「操作」は自動的に「切り取り」に設定され、初めにあった形状から、新しい形状が引かれた状態になります。

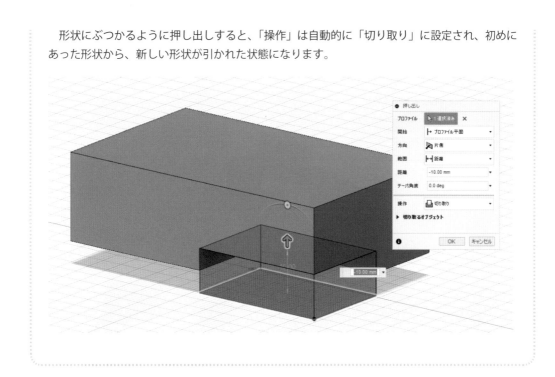

　［修正］-［結合］で新しく作った形状を結合します。

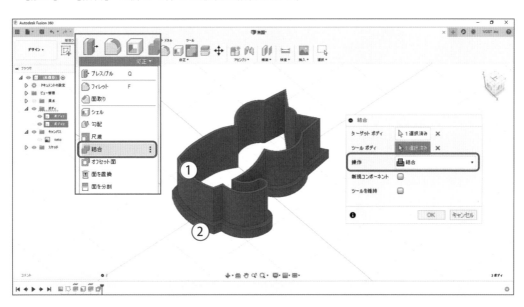

［修正］-［フィレット］で鋭角になっている箇所に「2mm」の丸みを付けます。

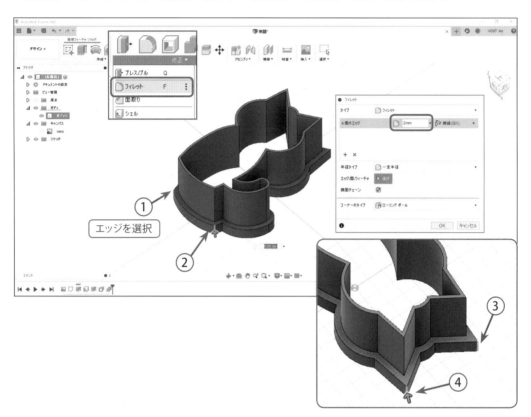

ブーリアン演算ってなんだろう？

　形状を作成する際に、形状同士を粘土のように足したり、削ったりする処理をすることで、複雑な形状を作成することができます。この処理を、専門用語ではブーリアン演算（集合演算）といいます。この処理を行うコマンドが［修正］-［結合］です。また、Fusion 360では、形状を作るための［押し出し］や［回転］、［ロフト］といったコマンドの中にもこの演算が組み込まれており、カタチを作りながら簡単に足したり引いたりすることができるようになっています。

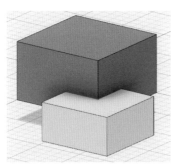

● 新規ボディ
新しい形状を作ります。2つのボディ形状があり、それぞれは独立して存在しています。ブラウザでも、ボディ1、ボディ2という形で分かれて管理されます。

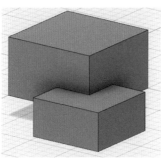

● 結合
足し算という意味です。2つの形状が足されるため、1つのボディ形状になります。重なり合った箇所は自動的に処理され、1つの形状として包括されます。

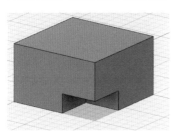

● 切り取り
引き算という意味です。1つの形状がもう一方の形状で引かれ、1つのボディ形状のみが残ります。

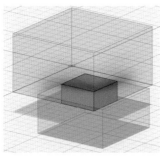

● 交差
かけ算という意味です。2つの形状の重なり合ったところのみが取り出され、1つのボディ形状が残ります。

2.7 目と口を作ろう

［作成］-［スケッチを作成］で、XY 平面を選択します。

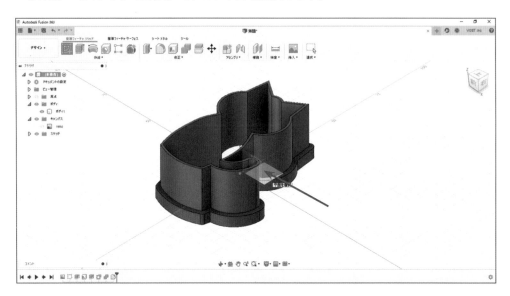

［線分］で、目と口をなぞります。

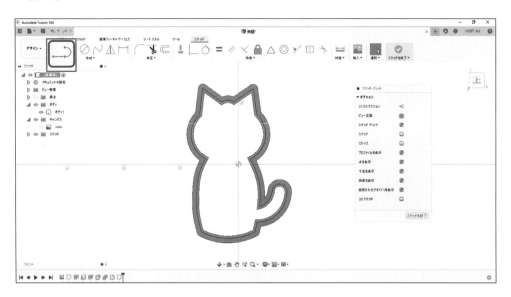

　目と口をなぞるため、ブラウザからネコの画像の目の
アイコンを ON にし、画像を表示します。

口の上のラインを描きます。

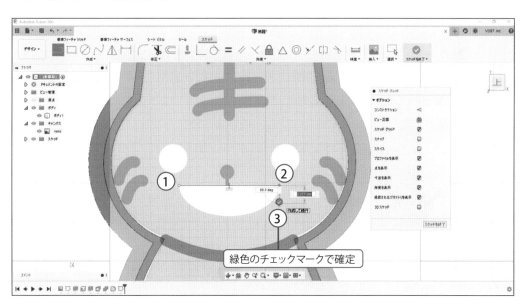

緑色のチェックマークで確定

［作成］-［楕円］を利用して、口をなぞります。

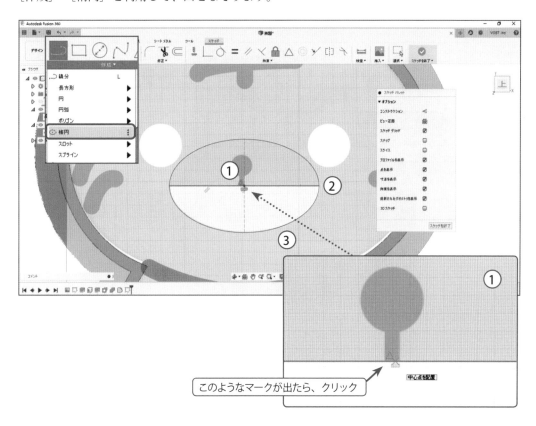

このようなマークが出たら、クリック

［修正］-［トリム］で口の上側をカットします。

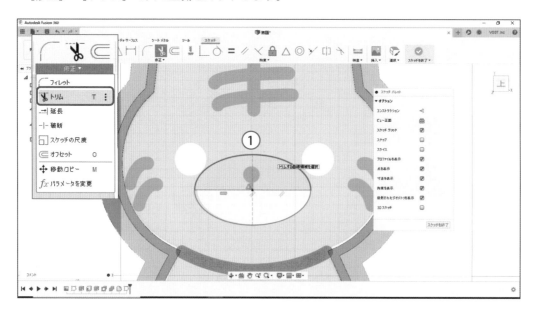

［作成］-［円］-［中心と直径で指定した円］で目を作成します。
描き終わったら、［スケッチを終了］でスケッチを終了します。

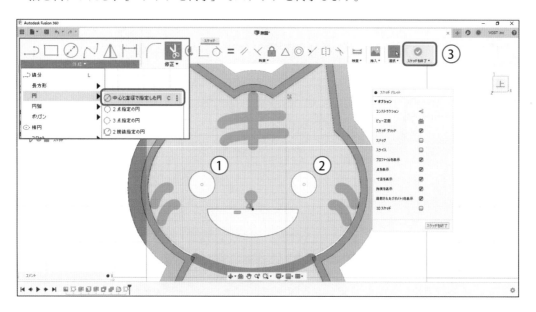

スケッチの考え方を理解する

　　スケッチの考え方は、一般的なペイントなどのソフトの考え方とは少し違っています。慣れるまではわかりづらいですが、今後複雑な形状を作成する際に基本となる考え方ですので、覚えていきましょう。

　スケッチは、［スケッチを作成］コマンドを取って、平面を選択した瞬間に新しく作成され、「スケッチ1」という名前が自動的に付きます。コマンドを取り変えながらいろいろな曲線を描いても、それはあくまで「スケッチ1」の中に描かれます。スケッチを描き終わって［スケッチを終了］を選択した瞬間に、「スケッチ1」が確定されます。

［スケッチを作成］コマンド

［スケッチを作成］を選択⇒平面を選択⇒コマンドを選択

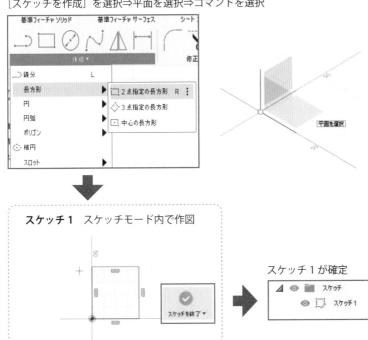

　　そのため、一度［スケッチを終了］でスケッチモードを終了した後に、再度［スケッチを作成］コマンドをを選択して平面を選ぶと、自動的に「スケッチ2」が作られることになります。つまり、［スケッチを作成］コマンドを取って平面を選択した瞬間に、新しい紙を机の上に置き、その紙の上にスケッチを描いていくようなイメージです。

［スケッチを作成］を選択⇒平面を選択

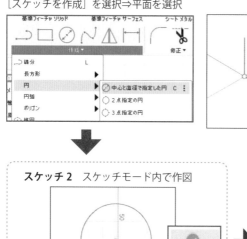

スケッチ2　スケッチモード内で作図

スケッチ2が確定

　そのため、例えばスケッチ1に追加で線を描きたいとき、コマンドを新たに取ってしまうと新しいスケッチが作られてしまう、ということが起きます。これが初めのうちにつまづきやすいポイントになります。スケッチ1に曲線を追加する場合は、履歴ツリーの「スケッチ1」をダブルクリックし、スケッチ1のスケッチモードに入って編集する方法が正しい方法です。

　また、スケッチをまたがっての処理は基本的にできません。例えば、スケッチ1の曲線を使ってスケッチ2の曲線をトリムするようなことはできません。そのため、基本的には1つのパーツごとにスケッチを分けておくことをお勧めします。今回のクッキー型では、外形部分と目と口の部分を別のスケッチにしておくことで、高さを少し変えた形状を作ったりする作業がしやすくなっています。

　ブラウザで、ネコの画像を非表示にします。

［作成］-［押し出し］で目と口を選択します。

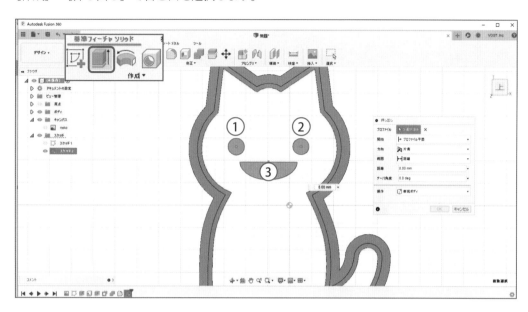

「18mm」上に伸ばします。

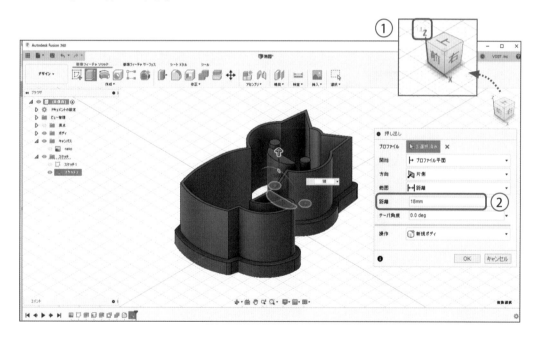

［スケッチを作成］で XY 平面を選択します。

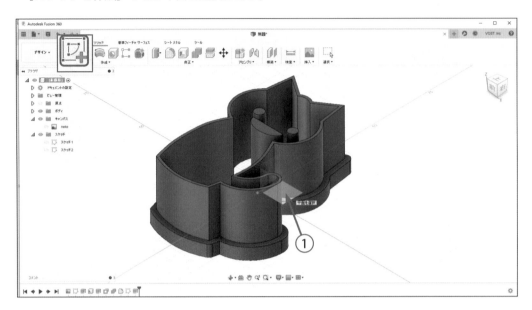

［長方形］-［2 点指定の長方形］で以下のように、橋渡しをする長方形を作成します。
描き終わったら、［スケッチの終了］でスケッチを終了します。

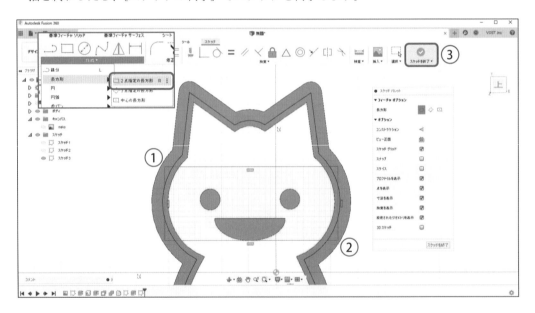

［作成］-［押し出し］で下に「-5mm」伸ばします。

「操作」を「結合」に設定します。

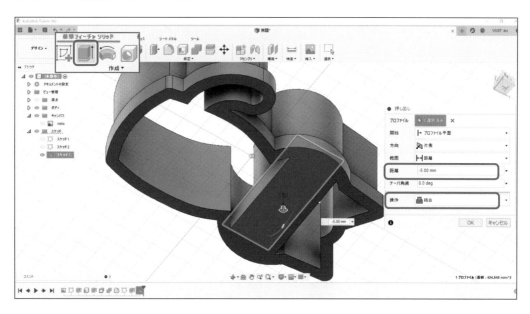

完成です！

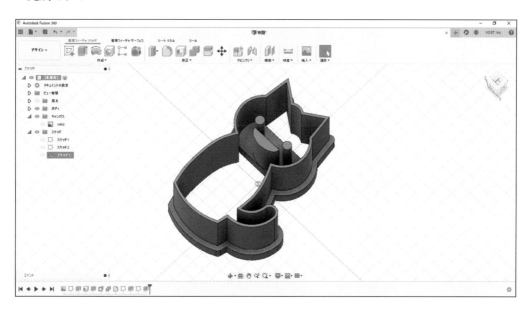

2.8 完成したデータを保存しよう

[ファイル] - [保存] または [保存] ボタンを選択します。右側の下向き矢印をクリックすると、保存フォルダを指定できます。

名前を入力し、左側の「プロジェクト」の中からログイン名のプロジェクト「○○ 's First Project」を選択します。

「新規フォルダ」ボタンでフォルダを作成します。フォルダ名を入れて Enter キーで確定します。
フォルダをダブルクリックすると、フォルダの中に保存できます。

「新規プロジェクト」ボタンでプロジェクトの作成も行えます。プロジェクトとフォルダと
データの関係性や管理方法は「第4章 データの管理方法を学ぼう」で詳しく学習します。

オフラインの場合、右のようなダイアロ
グが表示されます。保存されたデータは、
PC上に一時保存ファイルとして保存され、
次にオンラインにした際に自動的にアッ
プロードされます。

2.9 課題『イヌのクッキー型』

以下の画像のイヌのクッキー型を作ってみましょう。

完成品

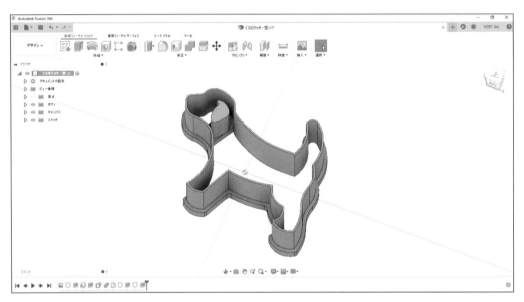

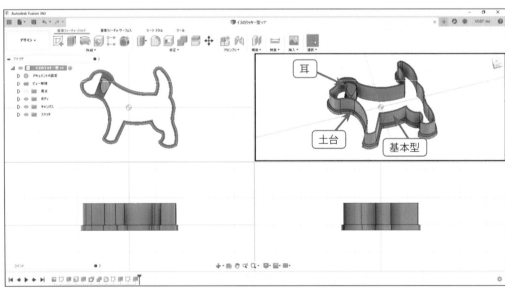

作成の条件

● 下書きの画像は、以下の URL を検索し、巻末の袋とじ内に記されているナンバーを入力してデータをダウンロードしてください。

    https://cad-kenkyujo.com/book/ （「スリプリブック」で検索）

● 画像は 5 倍に拡大します。
● 基本型の高さ：20mm
● 基本型の厚さ：1mm
● 厚みの方向：外側
● 土台の高さ：5mm
● 土台の厚み追加：2mm
● 土台の角に付けるフィレットの径：2mm
● 耳部分の高さ：18mm
● 耳部分の土台の厚み：5mm

作成のヒント

※以下の作成方法はあくまで一例です。いろいろな作り方を試してみてください。

① できるだけ［3 点指定の円弧］を使用することで、簡単にきれいなモデルを作成できます。
② Ctrl キー（Mac は Command キー）を押しながら複数面を選択することで複数面を削除する［シェル］が可能です。
③ 既に形がある場所に［押し出し］をする際には、「結合」と「切り取り」が正しく設定してあるかどうかを確認してください。
④ 耳部分の土台は［2 点指定の長方形］ではなく、［線分］で 4 本の線を描くとうまく耳を囲うことができます。

今回のモデル作成のための推奨コマンド

● ［挿入］- ［キャンバス］
● ［スケッチを作成］- ［線分］
● ［スケッチを作成］- ［円弧］- ［3 点指定の円弧］
● ［スケッチを作成］- ［スプライン］- ［フィット点スプライン］
● ［作成］- ［押し出し］
● ［修正］- ［シェル］
● ［修正］- ［プレス / プル］
● ［修正］- ［フィレット］

解答

解答は、以下 URL にてご紹介しております。

https://cad-kenkyujo.com/book/ (「スリプリブック」で検索)

第**3**章

3D プリンターの出力について学ぼう

次の内容を学習します。

- ● STL データのエクスポート方法
- ● 3D プリンター用データの作成方法
- ● 3D プリンターの動かし方

3.1 STL データのエクスポート

　3D プリンターで標準的に使われているデータ形式は、「STL」ファイルです。STL データは形状を平面パッチで表現した 3D モデルデータです。

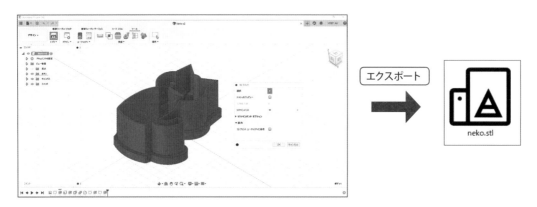

　［ツール］-［メイク］-［3D プリント］で形状を選択します。「3D プリント ユーティリティに送信」のチェックを外します。

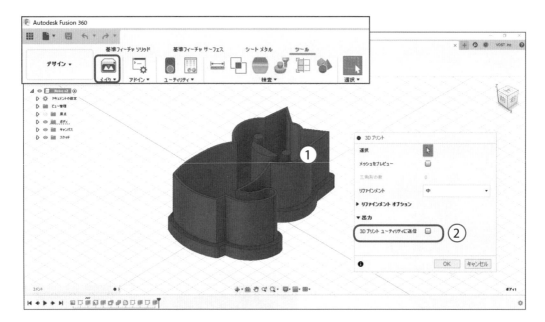

［OK］をクリックし、名前を付けて保存します。

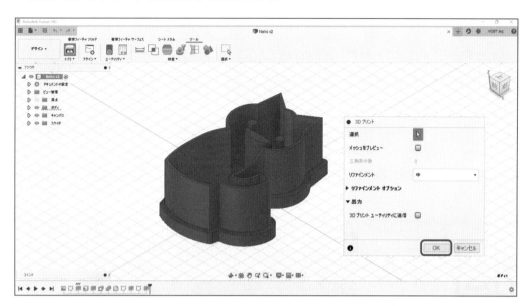

［3D プリント ユーティリティに送信］を選択すると、PC にインストールされている 3D プリンター用のソフトが一覧で表示され、直接データをソフトに渡すことができます。

3.2 3D プリンター用データの作成

　次に、各 3D プリンターに付属している「スライサー」と呼ばれるソフトを利用して、STL データを 3D プリンター用のデータにします。スライサーは、3D プリンターを購入すると付いてきます。

　3D プリンター用のデータというのは、座標の情報が書かれたデータです。「スライサー」というソフトは、STL データを輪切りにし、各断面ごとにどのように機械が移動すればよいか、という情報を、座標値として出力します。3D プリンターはこの座標の情報を読み取り、「次にこの位置に移動、次にこの位置に移動……」という移動動作を繰り返し、3 次元形状を作成していくのです。

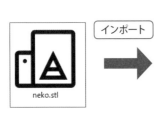

インポート

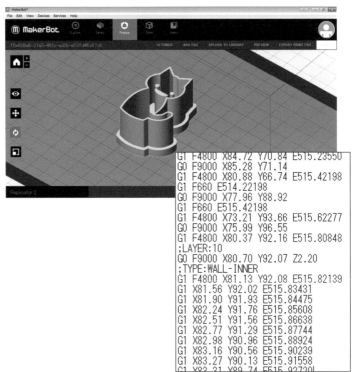

3.3 3Dプリンターを動かす

　3Dプリンターを動かすためには、主に4つの方法が主流です。プリンターによってどの方法で出力できるかが変わってきますので、購入される際には確認が必要です。

USBケーブル

　PCから直接送信するため、プリントのスタートは簡単です。造形が完了するまでPCの電源を付けっぱなしにしておく必要があるタイプと、データを送信したらPCは切り離すことができるタイプがあります。

SDカード

　SDカードに3Dプリンター用の数値データを入れることで、3Dプリンター単独で動かすことができます。

USBフラッシュメモリ

　USBフラッシュメモリに3Dプリンター用の数値データを入れることで、3Dプリンター単独で動かすことができます。

Wi-Fi

　Wi-Fi経由で3Dプリンター用の数値データを3Dプリンターに送り、3Dプリンター単独で動かすことができます。

STL データってどんなデータ？

　STL データは、3D プリンターの標準的なデータ形式になっています。

　STL データは、フィレット面や滑らかな曲面であっても、すべて小さな三角形の平面に置き換えたデータ形式になります。平面に置き換えますので、実際の形状とのずれが必ず生じます。三角形の大きさが小さければ小さいほど、数が多ければ多いほど、実際の形状とのずれは少なくなりますが、同時にデータ容量は大きくなります。

　その細かさを決定するのが「リファインメント」という設定です。通常は「中」の設定でまったく問題ありませんが、小さいフィレットがきれいに出ない場合などに設定を細かくします。細かくしすぎるとエラーの原因になりますので、「メッシュをプレビュー」で確認しながら作業を進めてください。

リファインメント オプション：低

リファインメント オプション：高

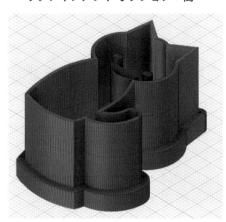

　このように、STL データはすべて平面で置き換えられますので、元の面がフィレットなのか何なのかわからなくなってしまいます。そのため、インターネットからダウンロードできるデータは、1 つずつのパッチを変更する必要があるため、修正が難しくなってきます。

　STL データをインポートして修正するためには、［修正］-［メッシュ］-［メッシュからBRep］機能を使用します。

　STL データを無料で配布しているサイトは、海外を中心に多くなってきています。それらのサイトは、簡単なメールアドレスを入力するだけでダウンロードできることが多いです。

　最も有名なのは、Makerbot 社が運営する、Thingiverse（http://www.thingiverse.com/）です。

　他にもたくさんありますが、複数のサイトをまたいで検索できる yeggi（http://www.yeggi.com/）というサイトがおすすめです。検索ワードを入れると、Thingiverse を含む数種類のサイトから、STL データを検索してくれます。

　これらのサイトには、アップロードもできます。自分で作った自慢の一品を、世界中の方に広めてみましょう！

複数ボディを持つ STL データの出力

　　Fusion 360 では、ボディごとに STL データを出力する仕様になっています。しかし、3D プリンターで出力する際には、複数のボディを持つ形状を 1 つの STL データとして保存し、スライサーにインポートしたい場合があります。そのような場合には、以下のような方法で複数ボディを 1 つの STL データにすることができます。

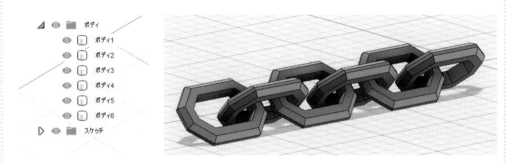

① ［修正］-［結合］で、エクスポートしたいすべての形状を選択。

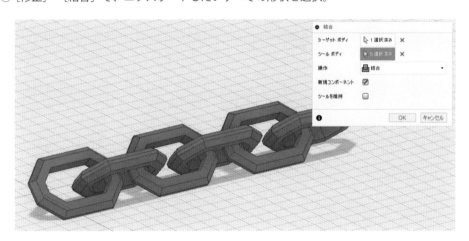

②「新規コンポーネント」にチェックを入れ、OK

③ 作成された「コンポーネント」を右クリックし、[STL 形式で保存] を選択。

第 4 章

データの
管理方法を学ぼう

次の内容を学習します。

- プロジェクトとフォルダとデータ
- データパネルの使い方
- 他の人にデータを渡す方法
- データを受け取る方法

4.1　プロジェクトとフォルダとデータ

　Fusion 360 でデータを保存する際には、この 3 つの考え方があります。

　まずプロジェクトとは、データを管理する一番大きな単位です。通常、ログイン名のプロジェクトが「○○ 's First Project」という名前で作成されます。作るモデルごとのプロジェクトを作ったり、作った人ごとにプロジェクトを作ったりしてデータを管理できます。

　プロジェクトの中には、直接データを入れたり、フォルダを作成したりできます。

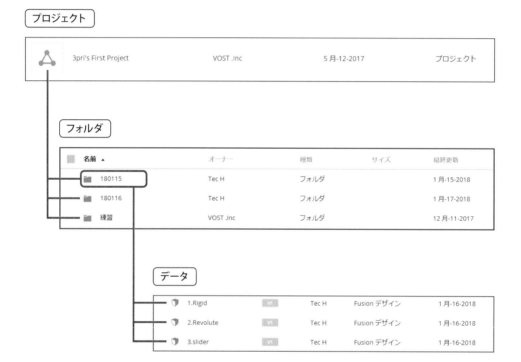

4.2　データパネルを学ぼう

データパネルは、保存された Fusion 360 のデータを開くためのパネルです。

Fusion 360 はクラウドベースの CAD で、作成したデータはすべてクラウドで管理されます。データを開く際には、データパネルを使用します。

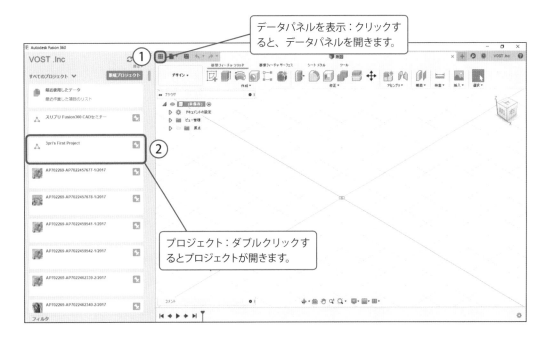

データパネルを表示：クリックすると、データパネルを開きます。

プロジェクト：ダブルクリックするとプロジェクトが開きます。

ワンポイントアドバイス：新規プロジェクトを作成する際には、［新規プロジェクト］ボタンを選択し、プロジェクト名を入力します。

フォルダをダブルクリックすると、フォルダが開きます。

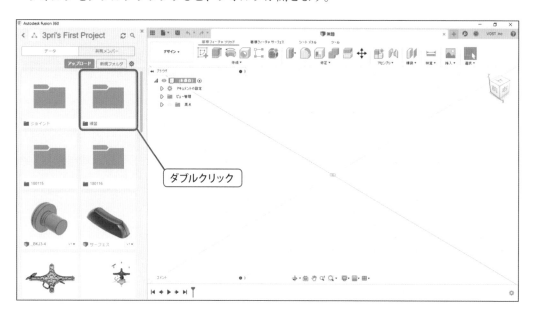

ドキュメントをダブルクリックすると、ドキュメントが開き、作業の続きが行えます。

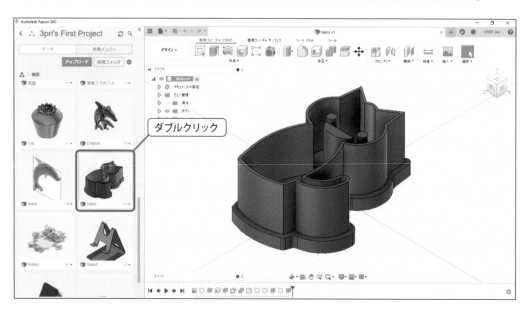

「プロジェクト一覧」に戻る場合は、データパネルの左上のアイコンをクリックすると、プロジェクト一覧が表示されます。

プロジェクト一覧を表示：クリックすると、プロジェクト一覧に戻ります。

プロジェクト内を複数のフォルダで階層化した場合、表示したい階層をクリックする事で、上の階層に戻る事ができます。
「 △ 」の階層がプロジェクトの直下の階層になります。a

表示したい階層をクリックします。

4.3　データの共有方法（1）—パブリックリンクの共有

　作成したデータを、プロジェクト共有していない相手にメールで送ろうと思っている場合、パブリックリンクの共有という方法で簡単に渡すことができます。

　データパネルからデータを右クリックし、[パブリックリンクを共有] または、[ファイル] - [共有] - [パブリック リンク] コマンドを選択します。

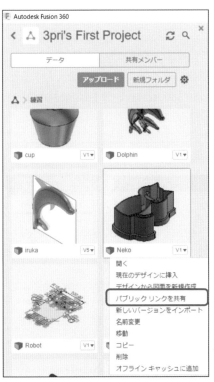

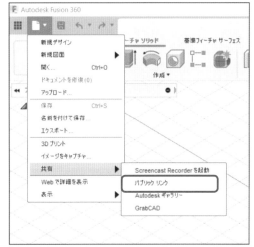

「このパブリックリンクを使用している任意のユーザと最新バージョンを共有」の右のボタンを選択します。

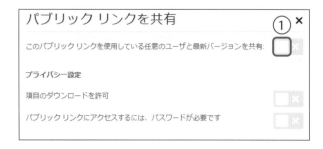

[コピー] ボタンをクリックすると、リンクがクリップボードにコピーされます。メールで「貼り付け」をすることで、このリンクを相手に伝えることができます。

リンクをクリックすると、ウェブブラウザが起動し、プレビュー画面で形状を確認できます。

右上の [Download] ボタンを選択し、ファイル形式を選択してメールアドレスを入力すると、データをダウンロードするための URL が届きます。「Fusion 360 Archive」が Fusion 360 のバックアップファイル（.f3d）です。

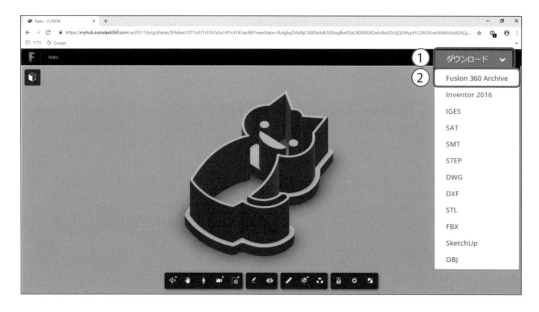

ウェブブラウザによっては、以下のメッセージが出ます。
これは、WebGL に対応していないウェブブラウザが使用されている場合に表示されます。

Oops!

Sorry. We couldn't show you this item because your browser doesn't support viewing design files.

- Please use Google Chrome, Firefox, or another browser that supports WebGL 3D graphics.
- See a list of web browsers supporting WebGL 3D graphics.

現在対応しているウェブブラウザは、以下の通りです。
- Google Chrome version 29 以降
- Mozilla Firefox version 31 以降
- Apple Safari version 7 以降
- Microsoft Internet Explorer 11 以降
- Microsoft Edge

　ダウンロードするファイル形式を選択すると以下のメールアドレスのポップアップが表示されます。ご自分のメールアドレスを入力し、「送信」をクリックします。

ファイルはウェブブラウザによってダウンロードします。そのため、Fusion 360 アカウントのメールアドレス以外でもダウンロードできます。

　以下のメッセージがでますので、「OK」を選択します。

ダウンロードの準備ができると、以下の「Download file」のメールが届きます。「Download File」をクリックすると、ウェブブラウザからダウンロードが開始されます。

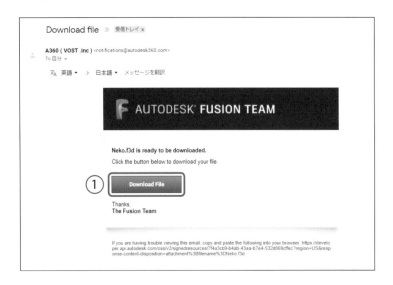

ダウンロードしたファイルは次の2つの方法でFusion 360に読み込みます。

（1）クラウド上に直接保存する方法

データパネルを開き、［アップロード］ボタンを選択します。

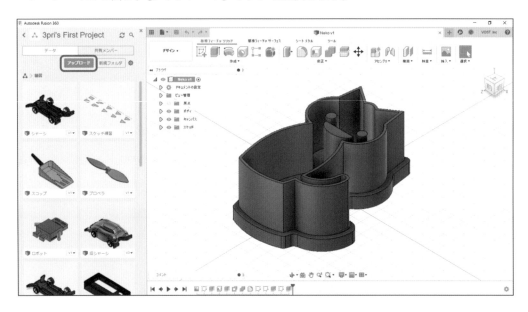

［ファイルを選択］を選択し、バックアップファイル（.f3d）を選択して［アップロード］ボタンを選択します。

アップロードが完了したらデータパネルに表示されるため、ダブルクリックで開いてください。

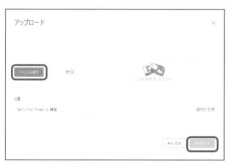

（2）一時的に保存する方法

［ファイル］-［開く］を選択します。

［マイコンピュータから開く］を選択します。

バックアップファイル（.f3d）を選択して［開く］ボタンを選択します。

他のシステムの「開く」や「インポート」に相当する機能です。
このコマンドはオフライン環境でも使用できます。

読み込めるファイル形式は「クラウド上に直接保存する方法」と「一時的に保存する方法」で異なります。
それぞれの方法で対応しているファイル形式は以下になります。

クラウド上に直接保存する方法：［データパネル］-［アップロード］

- Alias（.wire）
- AutoCAD DWG ファイル（.dwg）
- ★ Autodesk Fusion360 アーカイブファイル（.f3d .f3z）
- Autodesk Inventor ファイル（.iam .ipt）
- CATIA V5 ファイル（.CATProduct .CATPart）
- ★ DXF ファイル（.dxf）
- FBX ファイル（.fbx）
- ★ IGES ファイル（.ige .iges .igs）
- NX ファイル（.prt）
- ★ OBJ ファイル（.obj）
- Parasolid バイナリファイル（.x_b）
- Parasolid テキストファイル（.x_t）
- Pro/ENGINEER および Creo Parametric ファイル（.asm .prt）
- Pro/ENGINEER Granite ファイル（.g）
- Pro/ENGINEER Neutral ファイル（.neu）
- Rhino ファイル（.3dm）
- SAT/SMT ファイル（.sab .sat .smb .smt）
- SolidWorks ファイル（.prt .asm .sldprt .sldasm）
- Solid Edge ファイル（.par）
- ★ STEP ファイル（.ste .step .stp）
- ★ STL ファイル（.stl）
- SketchUp ファイル（.skp）
- ★ 123D ファイル（.123dx）

「個人用 - 商用利用不可」のライセンスでは☆のみが編集可能なデータとして変換されます。
それ以外のデータはアップロードできますが、変換されないため、Fusion 360 では扱えないデータとなります。
全てのデータの変換機能が必要な場合は、「スタートアップライセンス」か「購入ライセンス」をご使用下さい。

一時的に保存する方法：［ファイル］-［開く］-＜マイコンピュータから開く＞

- Fusion ドキュメント（.f3d .f3z）
- DXF ファイル（.f3d .f3z）
- IGES ファイル（.iges .ige .igs）
- OBJ ファイル（.obj）
- STEP ファイル（.ste .step .stp）
- STL ファイル（.stl）
- 123D ファイル（.123dx）

4.4 データの共有方法 (2) —バックアップファイルの作成

Fusion 360 では、作成したデータはクラウドに保存され、ローカル PC 上には保存されません。PC にバックアップファイルを作成することで、USB メモリなどを使用して他の人にデータを渡すことができるようになります。

エクスポートしたいデータを開き、［ファイル］-［エクスポート］を選択します。

「タイプ」から「アーカイブ ファイル (*.f3d)」を選択し、任意のフォルダを選んでエクスポートします。任意のフォルダに保存します。

保存したデータの読み込み方法は、前項の「クラウド上に直接保存する方法」、「一時的に保存する方法」をご確認ください。

62

第 **5** 章

スケッチに付いて学ぼう

次の内容を学習します。

- スケッチ寸法の使い方
- スケッチ パレットの使い方

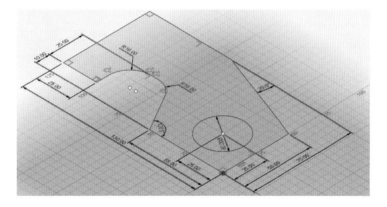

5.1 この章の流れ

　第2章では3Dデータ作成の基本の3ステップに集中するために、スケッチの細かい調整を行いませんでした。この章では、「スケッチ寸法」と「拘束」という機能を使って、正確に・意図通りにスケッチをコントロールする方法を学習します。

　まず、練習ファイルを使用して、スケッチ寸法の使い方を学びます（5.2節）。

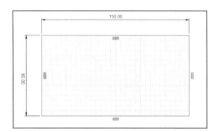

　次に練習ファイルを使用して、拘束の考え方・使い方を学びます（5.3節）。

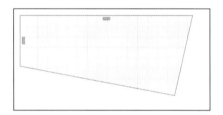

簡単な図形を書きながら、スケッチ寸法と拘束の有無による違いを学びます（5.4、5.5、5.6節）。

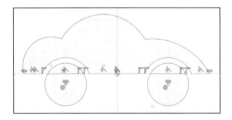

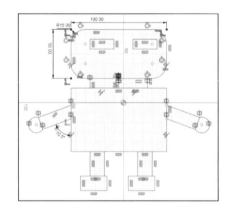

5.2 ［スケッチ寸法］の使い方

　［スケッチ］コマンドで描いた線に［作成］-［スケッチ寸法］で寸法拘束を与えることができます。寸法を決めると、あとから数字を変更することでカタチを整えることができるようになります。

　［スケッチ寸法］機能では、「1つの要素のみを選択する」方法と「2つの要素を連続して選択する方法」の2通りがあります。それぞれ、計測する要素を選択した後に寸法の配置位置をクリックすることで寸法が配置されます。

　使用するデータは、以下のURLからダウンロードできます。

　　　https://cad-kenkyujo.com/book/（「スリプリブック」で検索）

　「f3d」フォルダに入っている「スケッチ練習 .f3d」ファイルを使用します。ファイルの開き方は 4.4 節の「(1) クラウド上に直接保存する方法」または「(2) 一時的に保存する方法」を参照してください。

　ブラウザの「スケッチ寸法」をダブルクリックして、スケッチモードに入ります。既に作成されたスケッチに寸法を付ける場合、必ずスケッチモード内で作業をしてください。

履歴バーのいちばん左の「スケッチ寸法」のアイコンをダブルクリックすることでもスケッチモードに入れます。

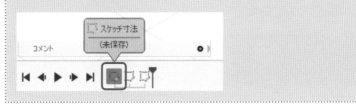

▌（1）縦と横の直線に長さの寸法を付けてみましょう

　［スケッチ］-［スケッチ寸法］で直線を選択し、寸法を配置する位置をクリックすると、直線の寸法が作成されます。

　寸法を配置するとダイアログボックスが出てきて、数値を入力できます。任意の数値を入力し、Enterキーを押すことで確定します。

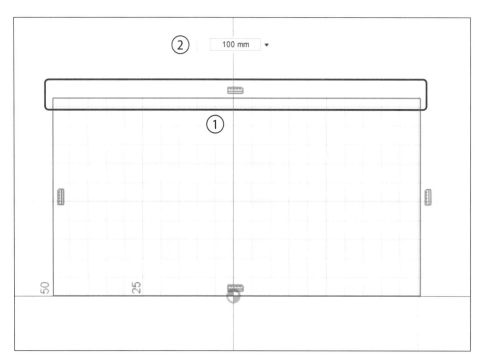

［スケッチ寸法］コマンドはよく使用するため、コマンド右の［ツールバーにピンで固定］にチェックをすることで、ツールバーに表示させることができます。

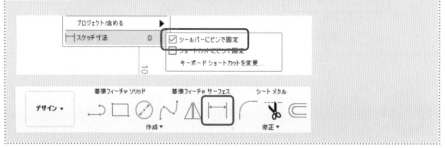

配置した後の寸法は、数字をダブルクリックすることで再度変更することができます。

（2）2本の線を選択して、距離の寸法を入れてみましょう

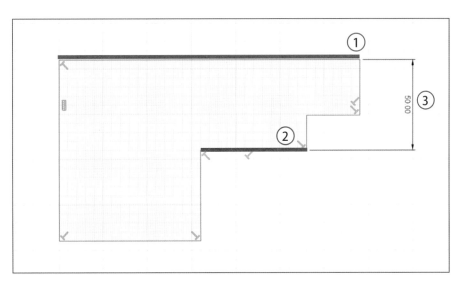

 コマンドをとっていない［選択］の状態で要素をクリックし、線分などが選択されている場合、コマンドを取った瞬間に選択された要素に対して［スケッチ寸法］のコマンドが実行されます。［スケッチ寸法］のコマンドを取る前に、Escキーを押して選択を全解除するか、画面上の何もないところをクリックして、選択を全解除し、青く選択された箇所がない状態で［スケッチ寸法］コマンドを取ってください。

（3）2本の線を選択して、角度の寸法を入れてみましょう

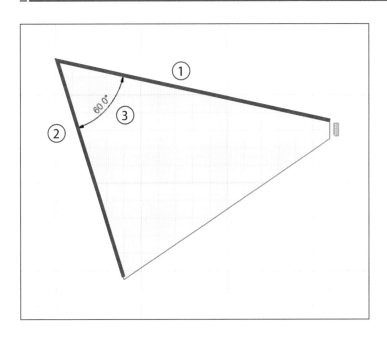

（4）1つの点と1つの線を選択して、距離の寸法を入れてみましょう

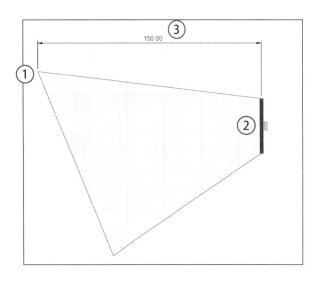

（5）1つの線を選択して、線に平行な寸法を入れてみましょう

領域B・Cにカーソルがある時に自動で平行な寸法になります。

領域Aは垂直寸法、領域Dは水平寸法になります。

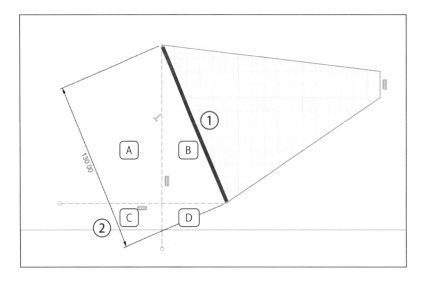

［スケッチを終了］でスケッチモードを終了します。

5.3 拘束（スケッチパレット）の使い方

拘束は「平行」や「直交」など、2つの要素の位置関係を決めて、形を整えるために使用します。実際に簡単な図形を描きながら、拘束の使い方について学びましょう。

（1）拘束の役割を知ろう

［スケッチを作成］でXY平面を選択します。

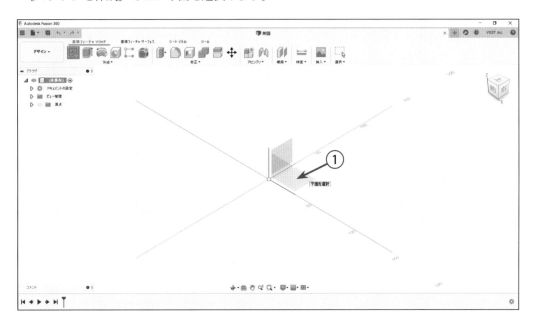

［作成］-［長方形］-［2点指定の長方形］で原点ともう1点を選択し、長方形を描きます。

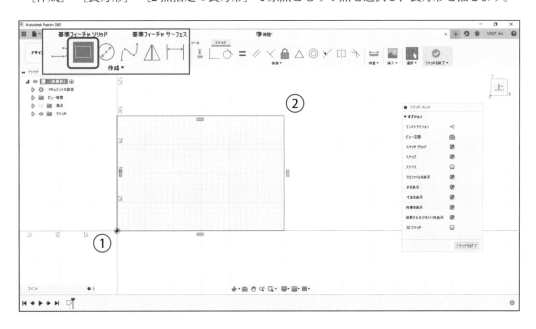

Esc キーでコマンドを解除してから、右上の点をドラッグすると、長方形を維持しながら図形が変化します。

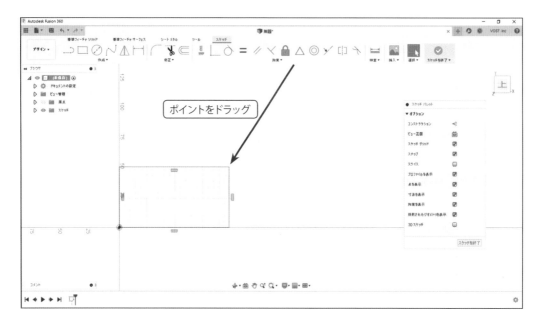

確認すると各辺に自動でついているアイコンがあります。これは、水平 / 垂直の拘束です。長方形の形を維持するために自動で付加されています。

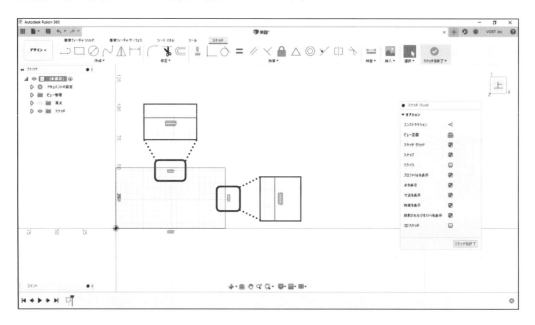

 Esc キーを押してから、右の垂線の水平 / 垂直のアイコンを選択し、Delete キーで拘束を削除します。

再度、右上の点をドラッグすると右の線が垂直にならず、図形が変形してしまいます。

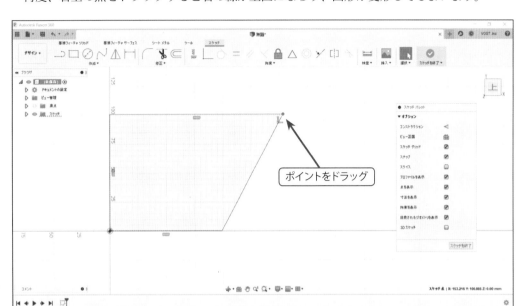

この様に、目的の形を維持するために拘束は必要になってきます。

（2）拘束を意識しながら線を描こう

　［長方形］のコマンド以外でも、拘束を付けながら線を描く事ができます。拘束を意識して、拘束を付けながら描くと、後で形を整える手間が省略できます。

　［作成］-［線分］で右の斜めの線をなぞっていくと、青い三角のアイコンが表示されるポイントがあります。この三角のアイコンは中点拘束のアイコンです。

　中点拘束のアイコンが表示されるポイントをクリックすると、そのまま中点の拘束が付きます。

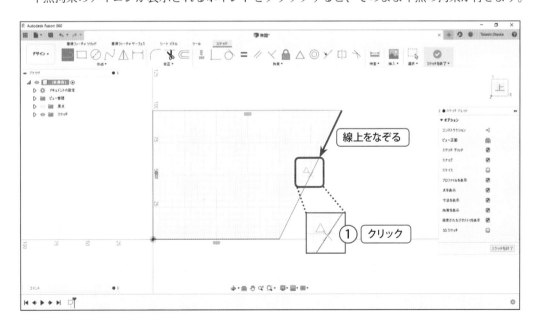

そのまま右側へカーソルを移動させると、青い平行の拘束アイコンが表示されるので、任意の点をクリックします。

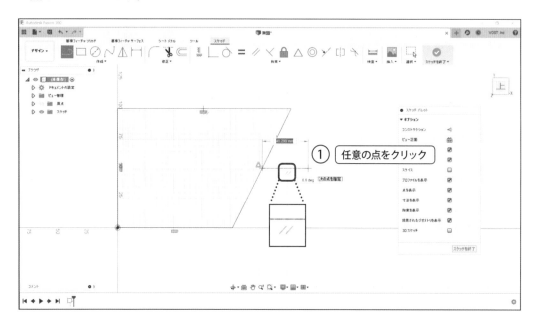

「水平」の拘束が表示される事もありますが、今回は違いはありません。

中点と平行の拘束が付いている事が確認できます。

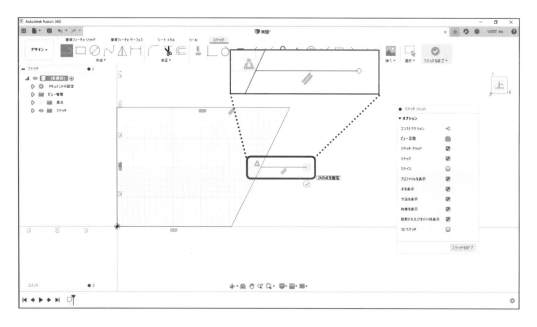

（3）あとから拘束を付けよう

　拘束は後から付けることもできます。スケッチを描く際に右側に出てくる「スケッチパレット」の［拘束］を使用します。

　「スケッチ パレット」は、スケッチを描く際に右側に出てくるパレットです。この中の［拘束］機能を使うことで拘束を与えることができ、形を整えることができます。

拘束の使い方

　「拘束」機能を使うことでスケッチに拘束を与えることができ、形を整えることができます。ここでは、拘束の各項目について説明します。

- ●水平 / 垂直　　　基準の軸に対して水平または垂直にします。
- ●一致　　　　　　線やポイントの位置を一致させます
- ●接線　　　　　　2つの曲線をタンジェント（接線）で滑らかに接続します
- ●等しい　　　　　選択した線の長さを同じにします
- ●平行　　　　　　2本の線を平行にします
- ●直交　　　　　　2本の線を直角にします
- ●固定 / 固定解除　ポイントや線の位置を固定したり固定を解除したりします
- ●中点　　　　　　線の中点とポイントの位置を一致させます
- ●同心円　　　　　円の中心の位置を一致させます
- ●同一直線上　　　2つの線の位置を揃えます
- ●対称　　　　　　初めに選んだ2本の線を3番目に選んだ軸で対称にします
- ●曲率　　　　　　端点で接続している2本のスプライン曲線を滑らかに接続させます

　ブラウザで「スケッチ寸法」を非表示にし、「拘束」を表示します。

「拘束」をダブルクリックし、スケッチモードに入ります。

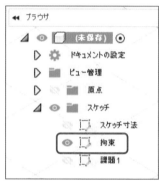

水平 / 垂直

選択した線を、水平または垂直にします。

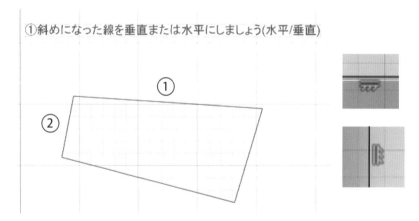

①斜めになった線を垂直または水平にしましょう(水平/垂直)

拘束がつくと、拘束の種類によって異なるマークが付加されます。

一致

線やポイントの位置を一致させます。

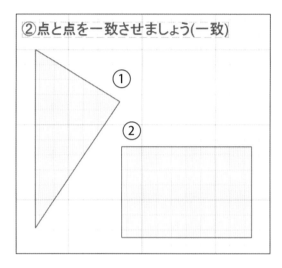

接線

選択した2つの曲線をタンジェント（接線）で滑らかに接続します。

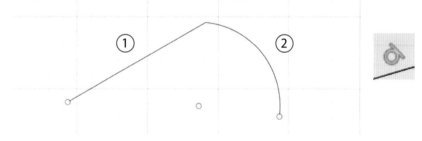

等しい

2つの円を選択すると、2つの直径の長さを同じにします。

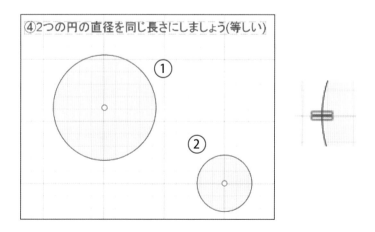

平行

2つの線を選択すると、平行になります。

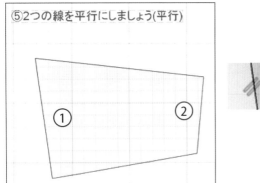

⑤2つの線を平行にしましょう(平行)

① ②

直交

2つの線を選択すると、直角になります。

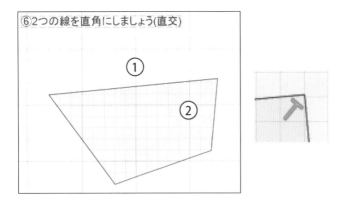

⑥2つの線を直角にしましょう(直交)

① ②

固定 / 固定解除

　ポイントや線を選択すると、位置を固定できます。固定された要素は、緑色で表現され、位置を動かすことはできなくなります。固定を解除したい場合は、同じ［固定 / 固定解除］コマンドで解除できます。

⑦ドラッグしたら動く点を固定しましょう(固定/固定解除)

寸法や拘束を付けた時に動く要素は、Fusion 360 が自動で決定するため制御することができません。固定したい要素が決まっている場合は、［固定 / 固定解除］や［スケッチ寸法］で固定してから拘束を付けてください。

中点

線の中点とポイントの位置を一致させます。

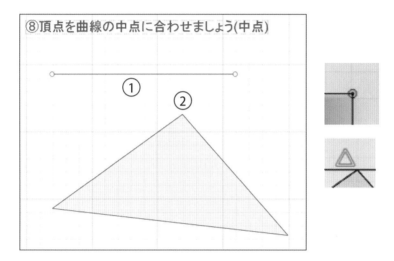

同心円

2つの円を選択すると、円の中心位置を同じにできます。

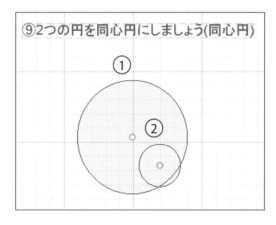

同一直線上

2つの線を選択すると、位置が揃います。

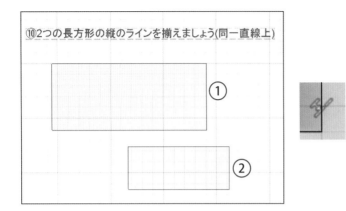

対称

2本の線を、指定した位置を中心に振り分けます。

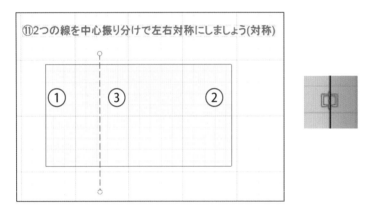

曲率

選択した2つのスプライン曲線を滑らかに接続します。

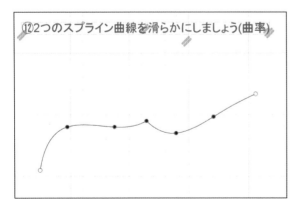

5.4 車でスケッチの練習

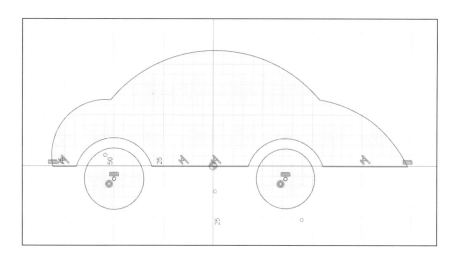

次の内容を学習します。

- スケッチの始め方
- 線の描き方（直線、円、円弧）
- 線の編集方法（トリム、オフセット）
- スケッチの終わり方

スケッチの作成

［スケッチを作成］で、横向きの作図する平面を選択します。

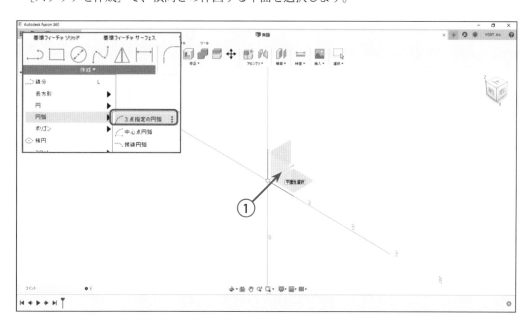

スケッチを描く際には、どの平面に描くかを一番初めに決定します。この作業を忘れると思っているのと違う平面にスケッチが描かれてしまいますので、注意してください。

［作成］-［円弧］-［3 点指定の円弧］3 つの円弧で屋根とボンネットを描きます。

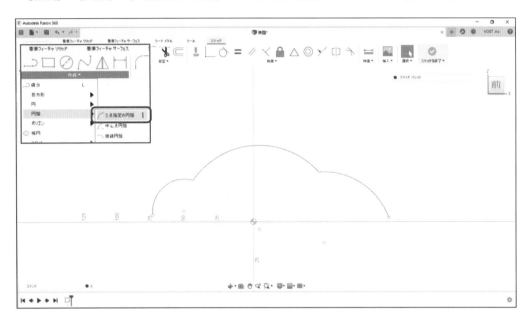

［拘束］-［水平 / 垂直］で、端の点を連続で選択し、高さを揃えます。

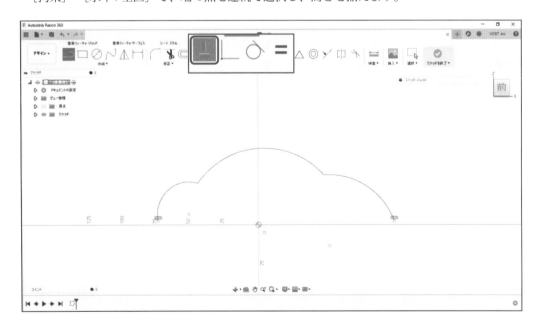

［作成］-［線分］で、下の部分をつなぎます。

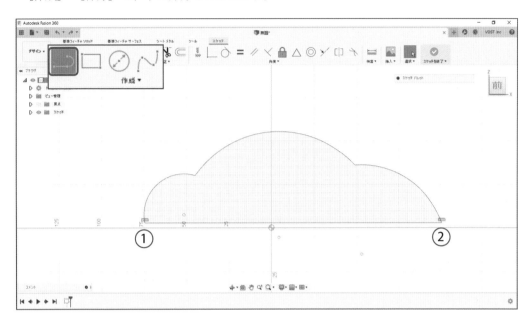

［作成］-［円］-［中心と直径で指定した円］でタイヤを2つ描き、中心点の高さを［拘束］-
［水平／垂直］で揃えます。

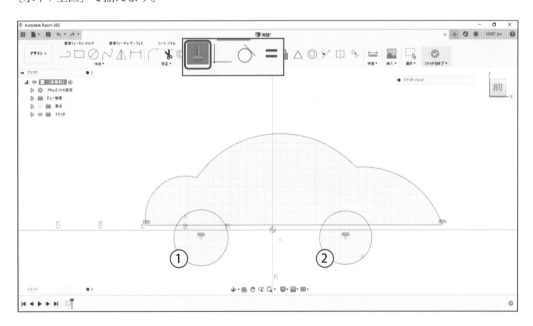

スケッチの編集

［修正］ - ［オフセット］でタイヤを 5mm オフセットします。

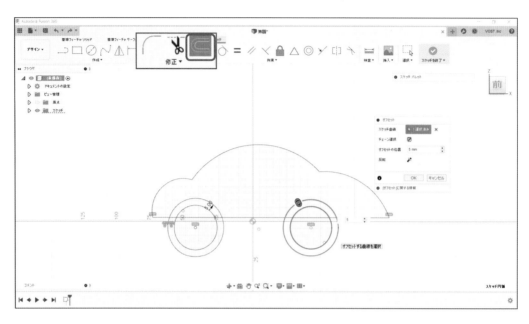

［修正］ - ［トリム］で不要な部分を削除して、完成です！

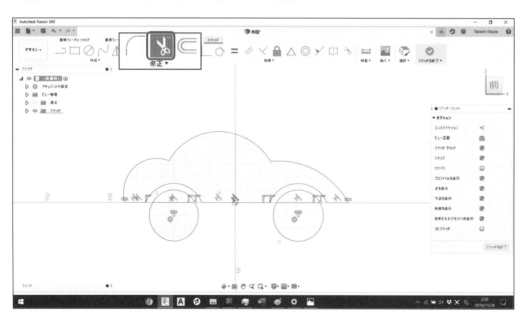

5.5 ロボットでスケッチの練習

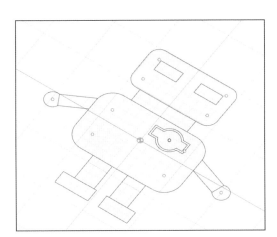

次の内容を学習します。

● スケッチの始め方
● 線の描き方（直線、長方形、円、円弧）
● 線の編集方法（トリム、フィレット、オフセット）
● スケッチの終わり方

スケッチの作成

［スケッチを作成］で、XY平面を選択します。

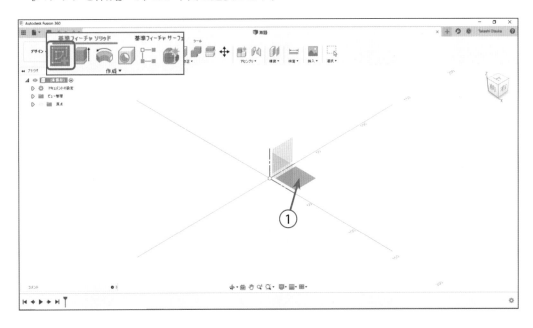

> スケッチを描く際には、どの平面に描くかを一番初めに決定します。この作業を忘れると思っているのと違う平面にスケッチが描かれてしまいますので、注意してください。

［作成］-［線分］で、頭の4隅をクリックし、長方形を作ります。

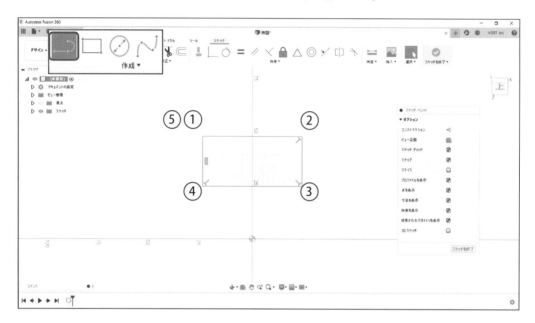

［作成］-［長方形］-［2点指定の長方形］で目の部分を描きます。

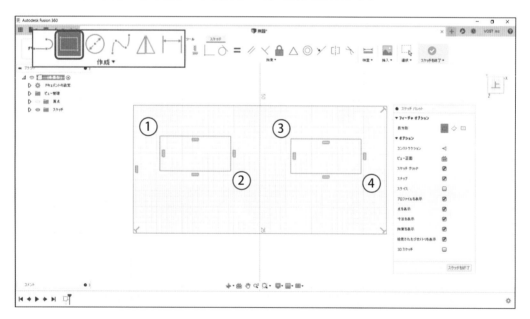

［修正］-［フィレット］で頭の角を丸くします。

長方形の角のポイントをクリックすることで、角が丸くなります。4つの角が丸くなったことを確認し、Enterキーで確定します。

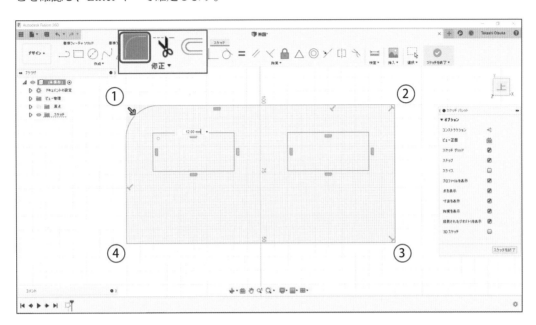

連続してクリックすることで、複数の角にフィレットを付けることができます。

同様に、［作成］-［長方形］-［2点指定の長方形］と［修正］-［フィレット］を使用して胴体を作成します。

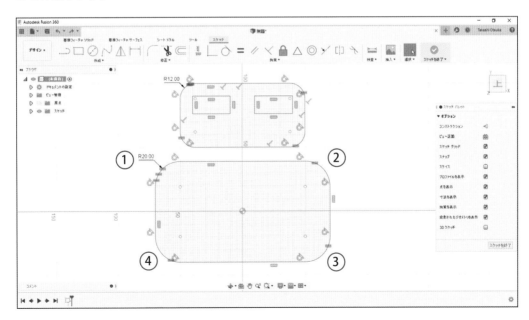

［作成］- ［長方形］- ［2 点指定の長方形］で首を作成します。

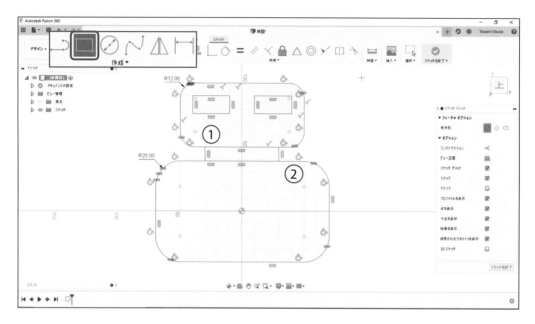

［作成］- ［長方形］- ［2 点指定の長方形］で足を作成します。

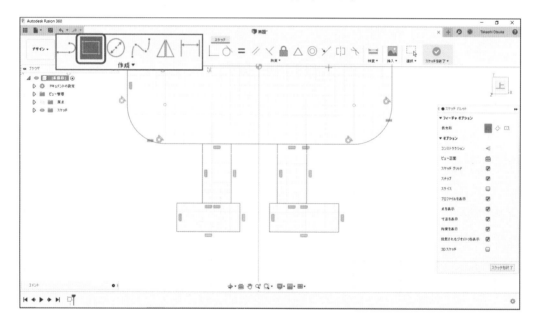

[作成] - [長方形] - [3点指定の長方形] で腕を作ります。

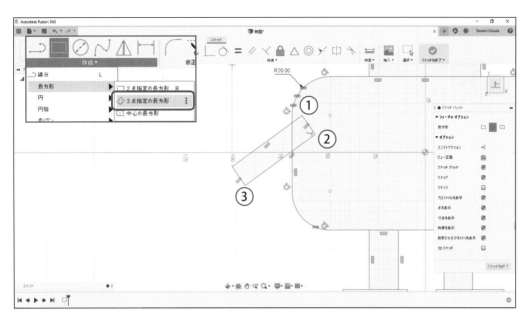

同じ長方形でも、コマンドによって描きやすさが変わります。場所ごとに使いやすいコマンドを使えるように覚えておきましょう。

[作成] - [円弧] - [3点指定の円弧] で手先を作ります。

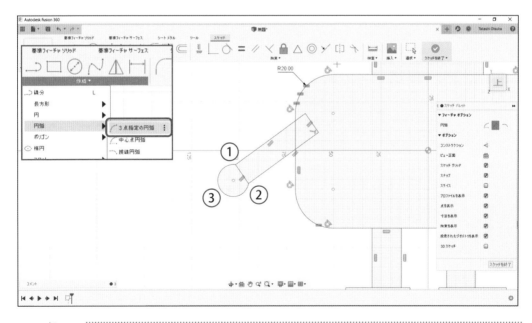

[3点指定の円弧] では、①最初の点、②最後の点、③真ん中の点という順番でクリックすると、円弧を描くことができます。

［修正］-［トリム］で腕の付け根部分をカットします。

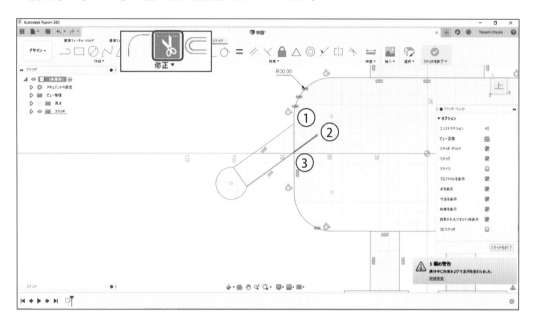

同様の操作で、左手を作ります。

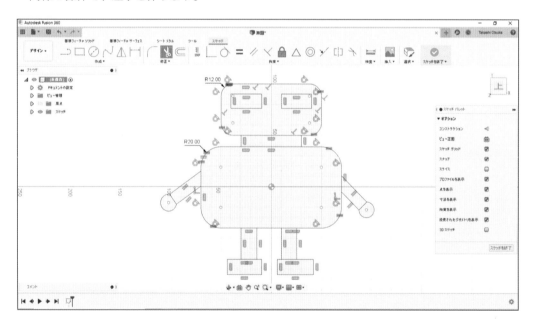

［作成］-［円］-［中心と直径で指定した円］で胸部分に円を描きます。

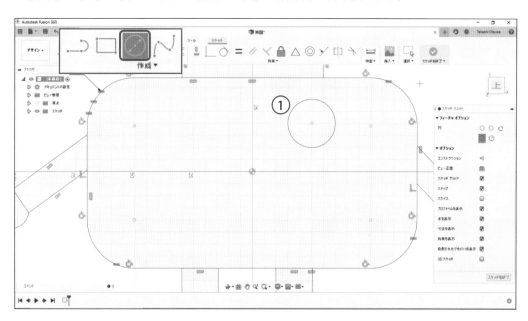

［作成］-［長方形］-［2点指定の長方形］で円の上に長方形を作成します。

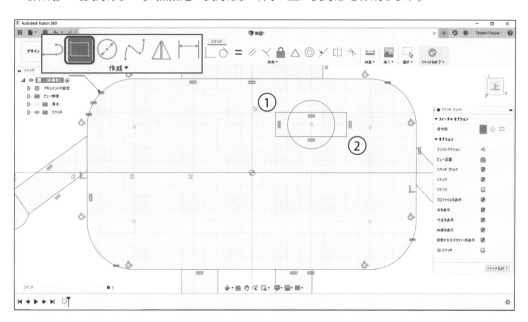

［修正］-［トリム］を使用して、不要な線を削除します。

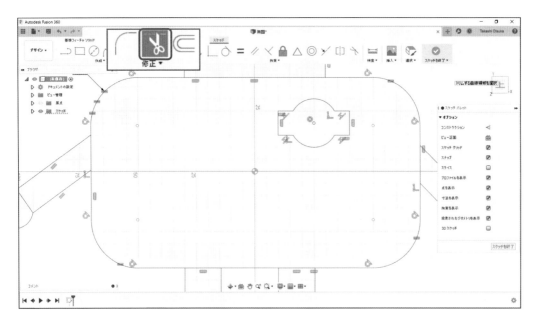

［修正］-［オフセット］でマークを外側に 1mm オフセットします。

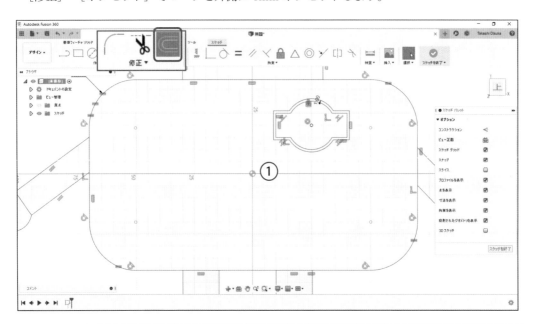

「チェーン選択」のチェックを外しておくと、線を 1 本ずつオフセットすることができます。

スケッチを描き終わったら、［スケッチを終了］で終了します。

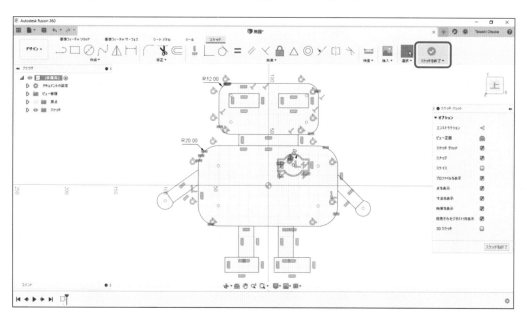

 スケッチを描いている際には、「スケッチモード」に入っています。始めにスケッチを描く平面を決定した際に、スケッチモードがスタートしています。スケッチを描き終わったときには、必ず［スケッチを終了］でスケッチモードを終了します。

 描いた線は「スケッチ1」として管理され、次に新しくスケッチを作成すると、「スケッチ2」が自動的に作成されます。編集する際には、ブラウザから「スケッチ1」をダブルクリックすることで、「スケッチ1」の編集モードに入ることができます。

5.6 ロボットで［スケッチ寸法］と［拘束］の練習

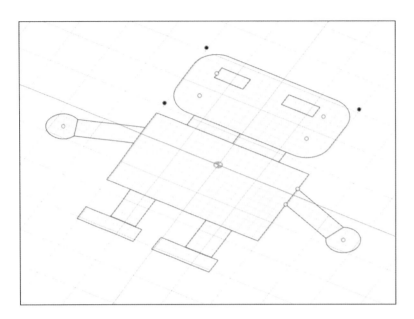

次の内容を学習します。

● スケッチの始め方
● 線の描き方（直線、長方形）
● 線の編集方法（トリム、フィレット）
● スケッチ寸法の使い方
● 拘束の使い方
● スケッチの終わり方

スケッチの作成

ブラウザから、「スケッチ」グループを展開し、「スケッチ1」を非表示にします。

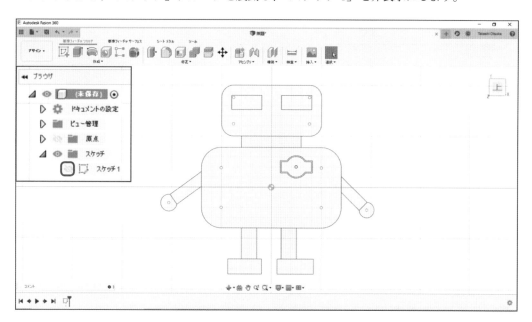

 ブラウザでは、目のアイコンを ON/OFF することで、表示 / 非表示が切り替えられます。

［スケッチを作成］で、XY 平面を選択します。

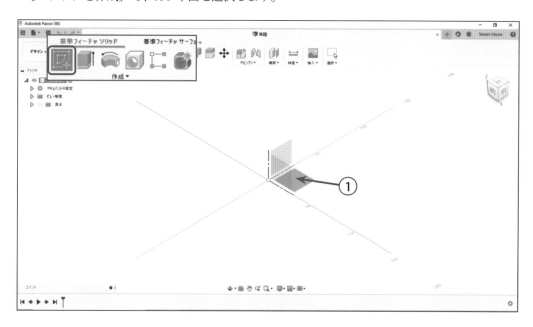

［作成］-［長方形］-［2 点指定の長方形］で 2 点を指定して、長方形を作成します。

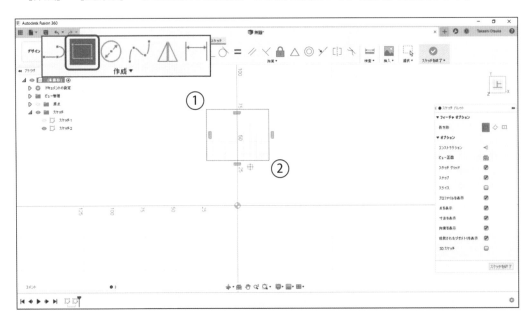

寸法の作成

　長方形の上下左右に、［作成］-［スケッチ寸法］で寸法を作成し、縦を「50mm」、横を「100mm」に設定します。

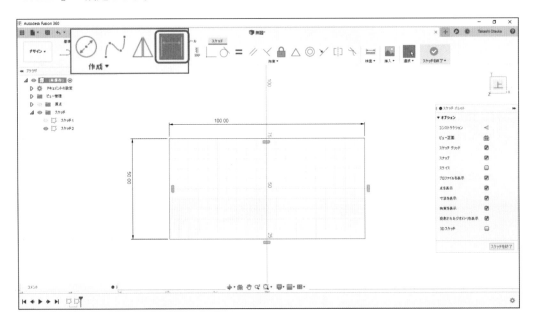

［修正］-［フィレット］で、四隅に「R10mm」のフィレットを付けます。

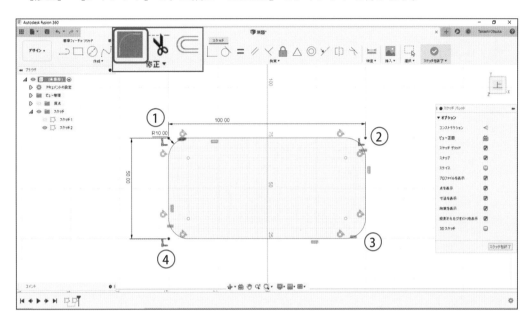

R10mm とは、半径 10mm という意味です。寸法をダブルクリックして、半径を「R15mm」に変更してみましょう。

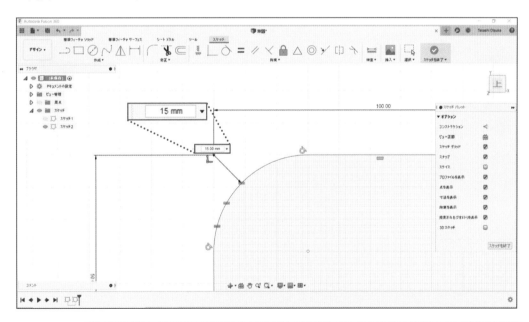

同時にフィレットを付けた場合、自動で［等しい］の拘束が付くため、四隅とも「R15mm」に変更されます。

［作成］-［長方形］-［2 点指定の長方形］で目を描きます。

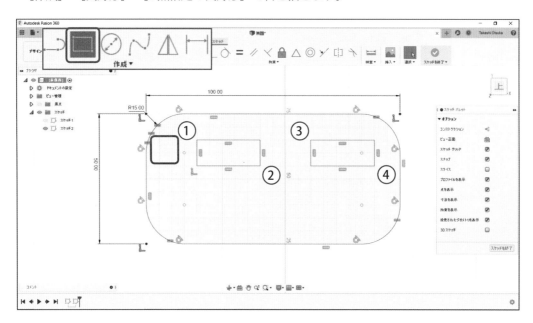

同時に首部分を作成します。

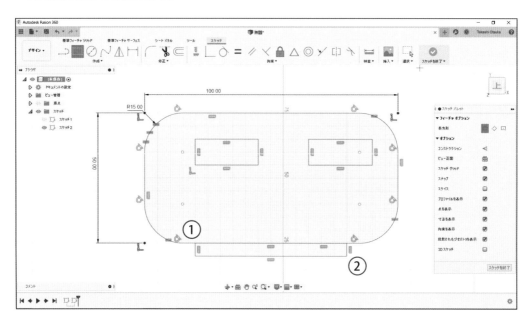

首を左右対称にするために、中心に基準線を作成します。

［作成］-［線分］で、頭部の下の中点から下向きの垂直線を描きます。

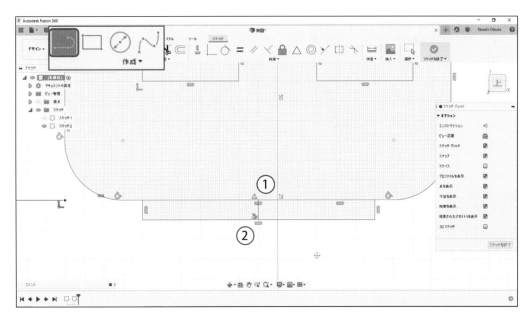

 線分上で△マークが表示される箇所が中点です。マークが表示されている箇所を選択すると、自動で中点の拘束が付きます。

拘束の作成

「［拘束］-［対称］を使用して、中心を揃えます。

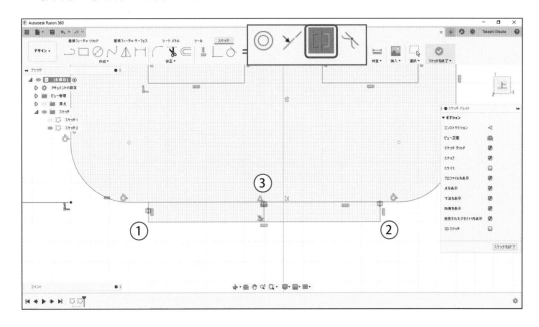

[作成] - [長方形] - [2 点指定の長方形] で胴体を作成します。

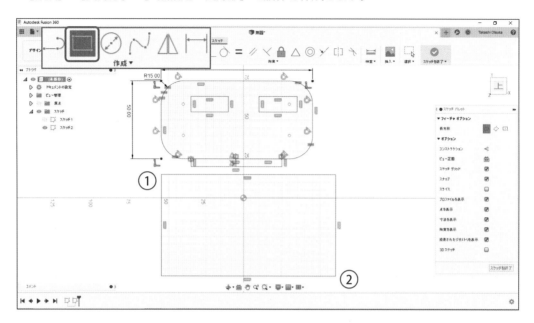

[拘束] - [同一直線上] を使用して、頭の横と体のライン、首と胴体を揃えます。

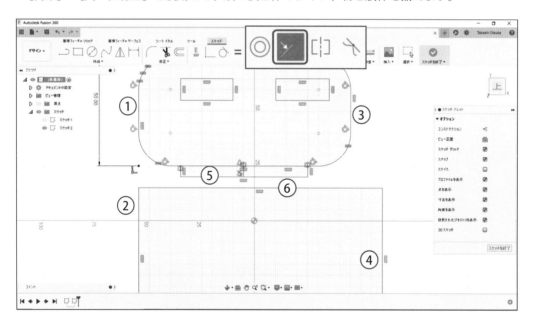

［作成］-［長方形］-［3点指定の長方形］で腕を作ります。

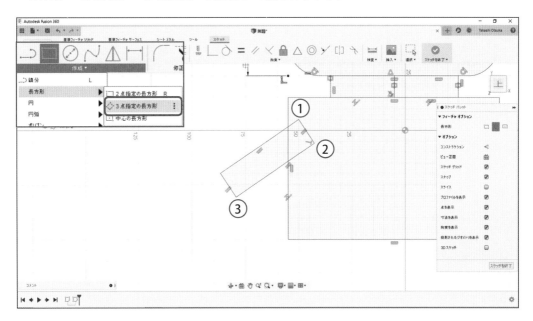

［作成］-［円弧］-［3点指定の円弧］で手先を作ります

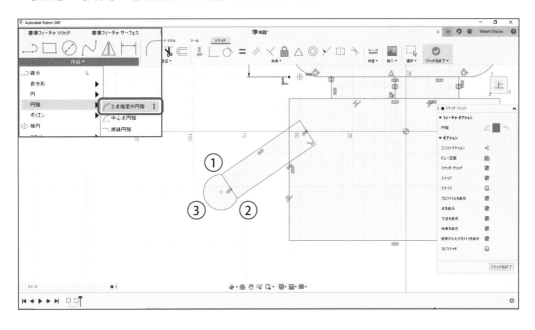

腕部分に［作成］-［スケッチ寸法］で「70°」の寸法を付けます。

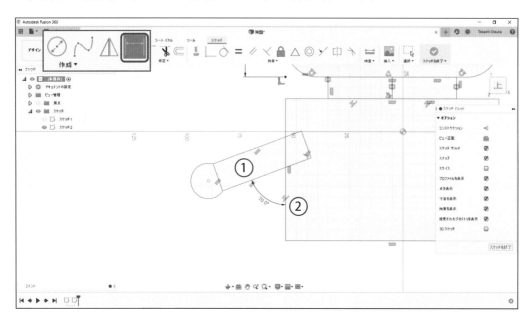

［スケッチ］-［トリム］で腕の付け根をカットします。

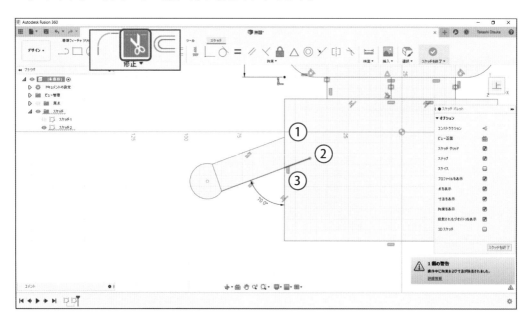

［作成］-［ミラー］で腕をコピーします。

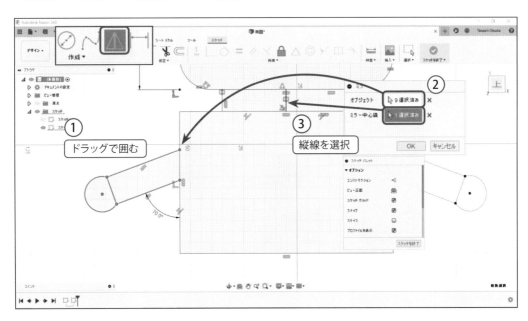

［作成］-［長方形］-［2点指定の長方形］で足を作成します。

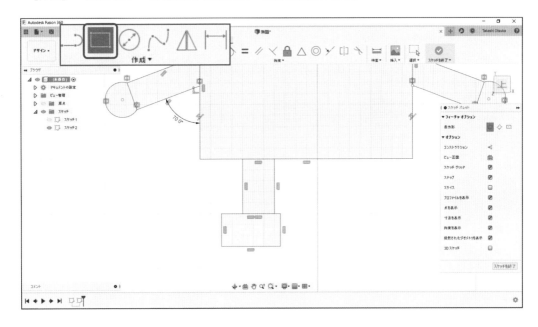

足部分をドラッグで囲み、右クリック［コピー］でコピーします。

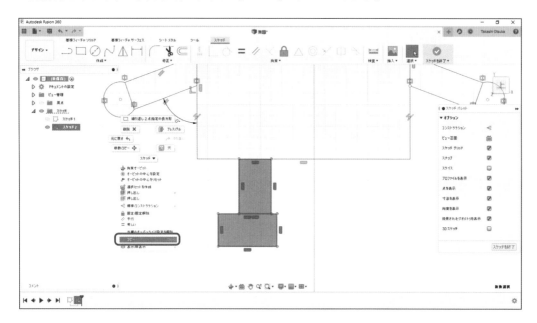

何もないところをクリックし、右クリック「貼り付け」を選択します。

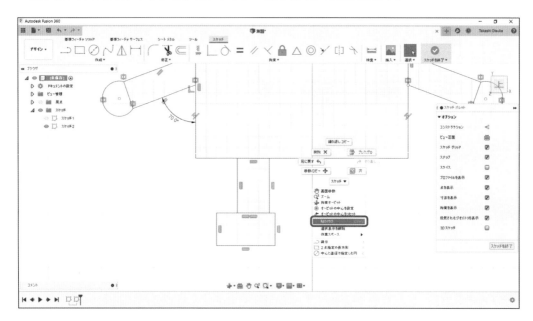

Windows の機能の、［Ctrl］+［C］（コピー）と［Ctrl］+［V］（貼り付け）でも同様の操作になります。
Mac の機能の、［Command］+［C］（コピー）と［Command］+［V］（貼り付け）でも同様の操作になります。

矢印を右に移動し、［OK］を選択し、左足を作成します。

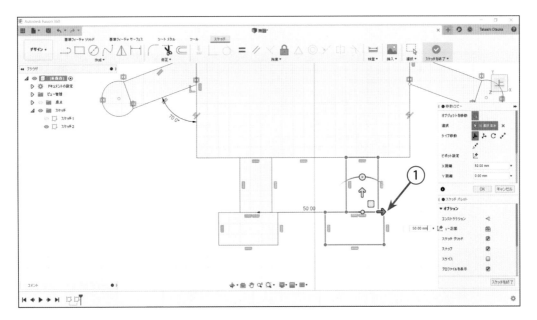

完成です！

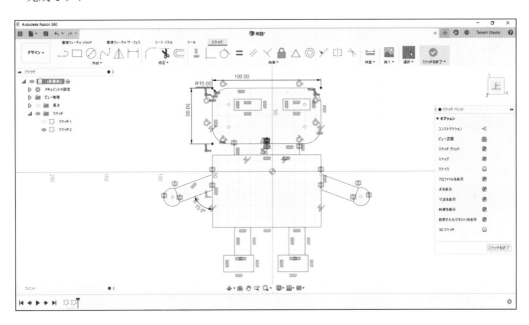

5.7 課題：スケッチ練習

スケッチ課題①完成品

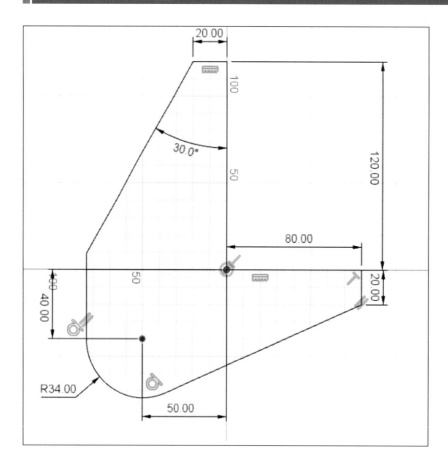

作成のヒント

※以下の作成方法はあくまで一例です。いろいろな作り方を試してみてください。

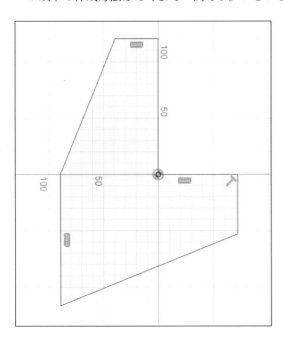

① [線分] で以下のスケッチを作成します。

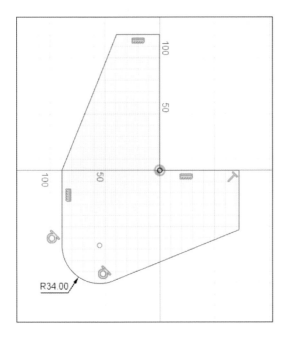

② 下の角に、[フィレット] で半径 34mm のフィレットを付けます。

解答

解答は、以下 URL にてご紹介しております。

https://cad-kenkyujo.com/book/（「スリプリブック」で検索）

マウス長押しで簡単に円弧を作図

　［スケッチ］-［フィレット］で付けた R は、［スケッチ］-［線分］コマンドの途中でも作成できます。

　連続した直線を描いている途中で、マウスの左クリックを長押しし、マウスをそのまま動かし、クリックを離すと、円弧を作成できます。このような操作を少しずつ覚えていくと、モデルを作るのがだんだん早くなってきます。

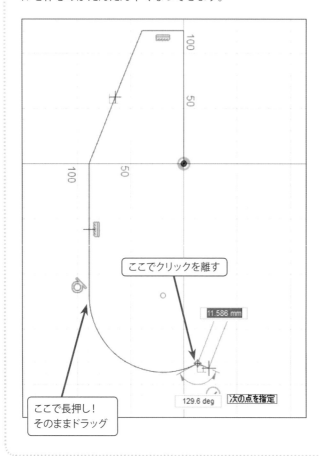

スケッチ課題② 完成品

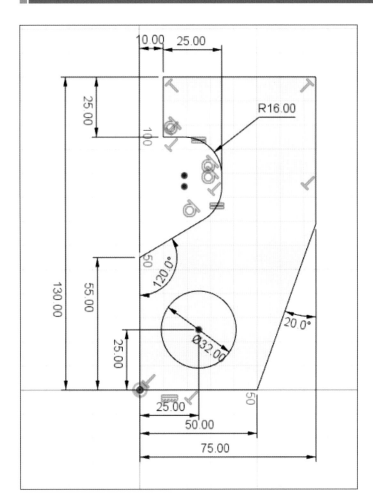

作成のヒント

※以下の作成方法はあくまで一例です。いろいろな作り方を試してみてください。

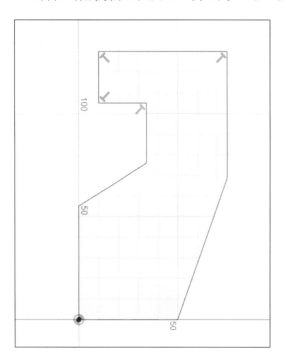

① [線分] で以下のスケッチを作成します。

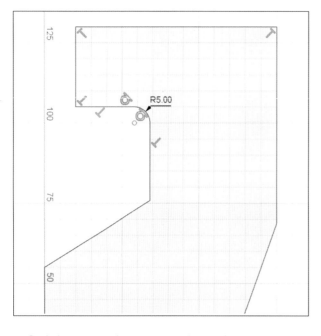

② 真ん中の角に、[フィレット] で半径フィレットを付けます。初期値で確定し、スケッチ寸法を入れながら数値を変更することで、形が大きく崩れにくくなります。

③ 寸法を付けた際にカタチが大きく崩れる場合は、寸法を付ける前に、[選択] で線や点をドラッグして、近いカタチに動かしてから寸法を付けるとうまくいきます。

解答

解答は、以下URLにてご紹介しております。

https://cad-kenkyujo.com/book/（「スリプリブック」で検索）

第6章

コップを作ろう

次の内容を学習します。

- 線の描き方（円）
- 形状の作り方（押し出し）
- 形状の編集方法（シェル、フィレット、コイル、結合）
- 履歴の編集方法

6.1 この章の流れ

第 2 章のクッキー型では、3D データ作成の基本として ［押し出し］ コマンド使用した水平面と垂直面のみの形状を作成していただきました。この章では、装飾付きのコップを作成しながら、角度の情報をもった面の作成方法や作成済みの形状の修正方法（履歴の編集）を学習します。

最初にコップのベース形状を作成します。ここでは、第 2 章と同じ ［押し出し］ でも、オプションを使用する事で角度を設定できる事を学びます（6.2節）。

新しい作成コマンドの ［コイル］ を利用して、コップに装飾としての溝を作り、［シェル］ でくり抜きます（6.3 節）。

作成済みの形状の作成履歴を変更することで、形状が簡単に修正できる事を学びます（6.4節）。

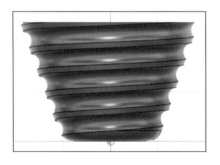
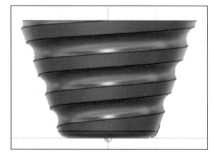

6.2 コップのベースを作成

［スケッチを作成］でXY平面を選択します。

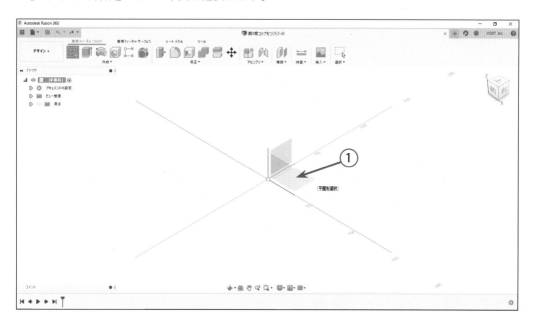

［作成］-［円］-［中心と直径で指定した円］で原点を中心点として選択し、円周の点を1点選択します。

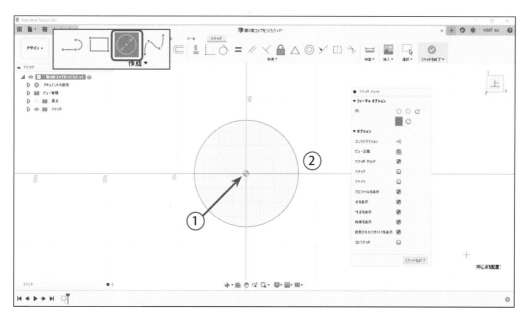

[作成] - [スケッチ寸法] で直径「50 mm」の寸法を付けます。

円が作成できたら、[スケッチを終了] でスケッチを終了します。

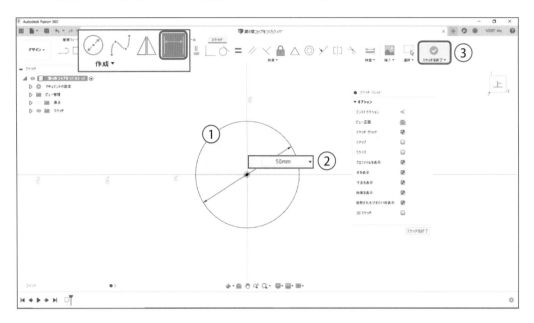

[作成] - [押し出し] で上に「60mm」伸ばします。

同時に、「テーパ角度」で「20deg」の角度を付けます。

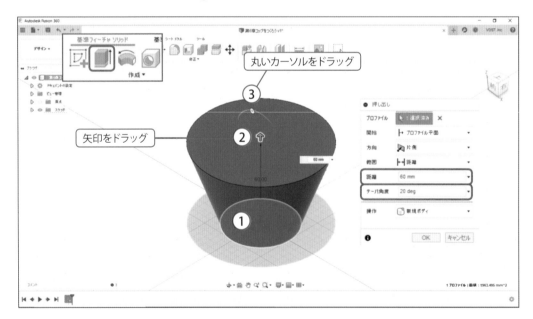

 丸いカーソルをドラッグすることで、厚みを付けるのと同時に角度を付けることができます。

［修正］-［フィレット］で底に「R5mm」の丸みを付けます。

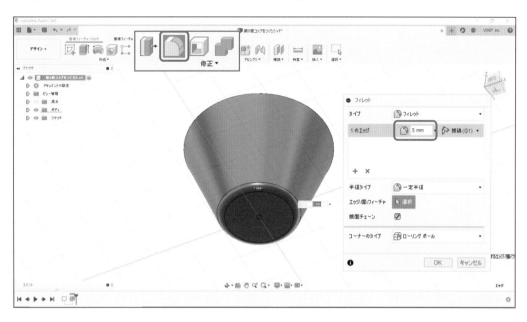

6.3 コップに装飾を付けよう

［作成］-［コイル］で、コップ底面に「60mm」のコイルを作ります。
「回転：4」、「角度：20 deg」、「断面サイズ：14mm」でコイルを作ります。

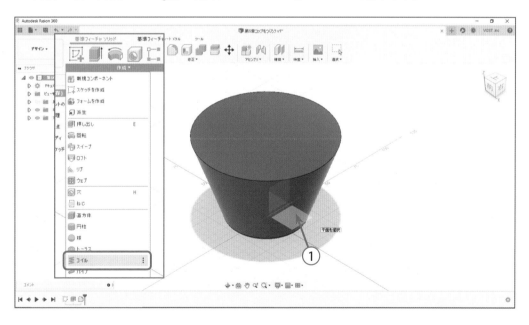

原点を選択し、「60mm」の円を作成します。

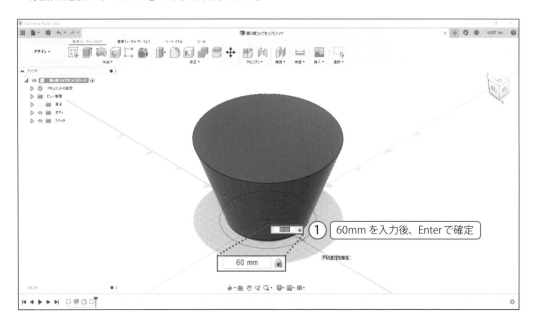

① 60mm を入力後、Enter で確定

以下の設定を行います。

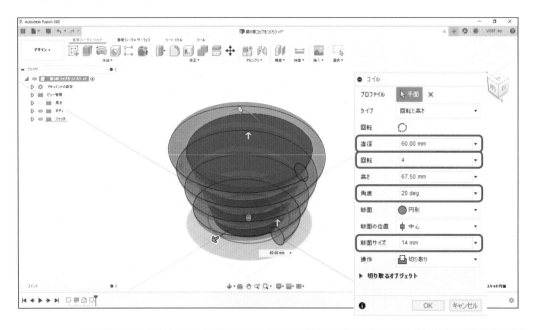

[押し出し]や[コイル]コマンドなどには、「操作」という設定があります。「切り取り」を選ぶと、コップがカットされます。「結合」を選ぶとコイルが足されます。「交差」を選ぶとコイルとコップの重なったところだけ取り出されます。「新規ボディ」を選ぶと、新しいコイル形状ができます。

［修正］-［シェル］で、内側に「1mm」の厚みを付けます。

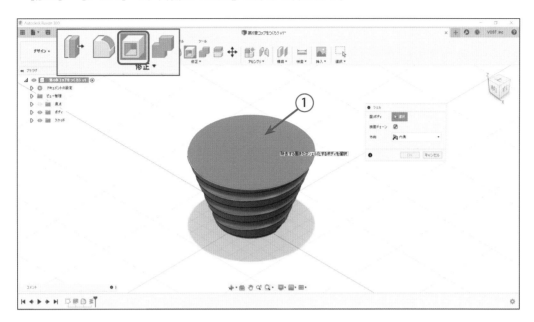

「方向」を「内側」に設定し、「内側の厚さ」を「1mm」に設定します。

6.4　履歴操作を学ぼう

ここから、履歴の操作を学びます。

履歴バーの使用方法は以下の通りです。

● フィーチャ：コマンド毎の設定情報です。

● 履歴マーカー：現在の表示の位置を示します。

● 履歴再生ボタン：最初から履歴マーカーの所まで、操作がアニメーションで表示されます。

● 履歴マーカーの移動ボタン：1 操作ずつ履歴マーカーが移動します。

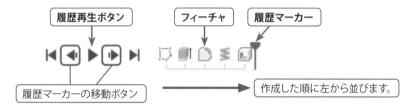

スケッチコマンドはコマンド毎ではなく、スケッチ毎にフィーチャとなります。

履歴マーカーの移動はドラッグ＆ドロップでも操作できます。

履歴マーカーを途中にして、コマンドを実行するとフィーチャの挿入ができます。

フィレットの履歴をダブルクリックします。

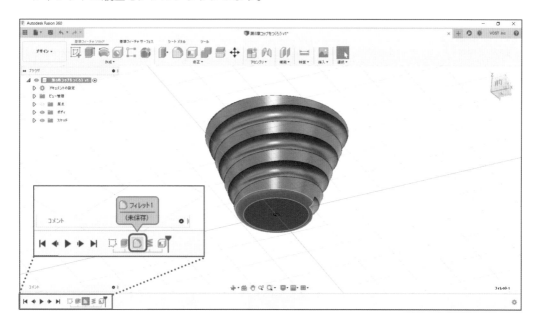

フィレットの径を「R8mm」に変更します。

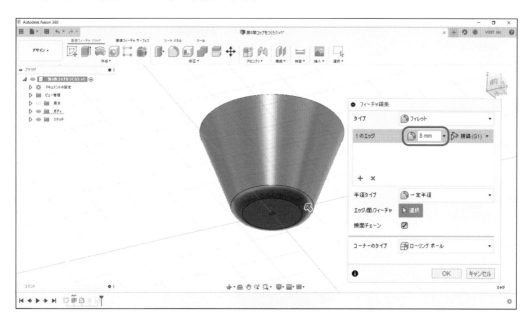

カタチを見るために、［検査］-［断面解析］で断面で表示します。

ブラウザで原点の表示を ON にして、YZ 平面を選択します。

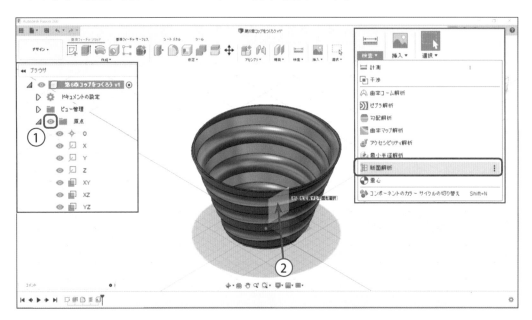

原点の表示を ON にすることで、ドキュメントの基準原点、XYZ 軸、平面が表示されます。

断面表示になり、コップの断面や内側がどのような形になっているかがわかるようになりました。

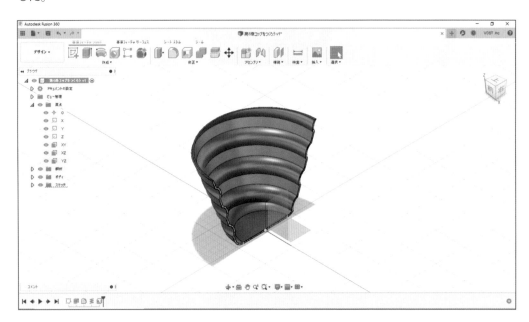

形状が断面表示になっていますが、表示上のみで実際の形状はカットされていません。例えば、フタの閉じたケースを作成しているときなど、中が見にくい際に使用します。

 断面表示を無効にするには、ブラウザの「解析」-「断面1」の目のアイコンを OFF にしてください。

コイルの履歴をダブルクリックします。

「直径：55mm」、「回転：6」、「断面サイズ：10mm」に変更します。

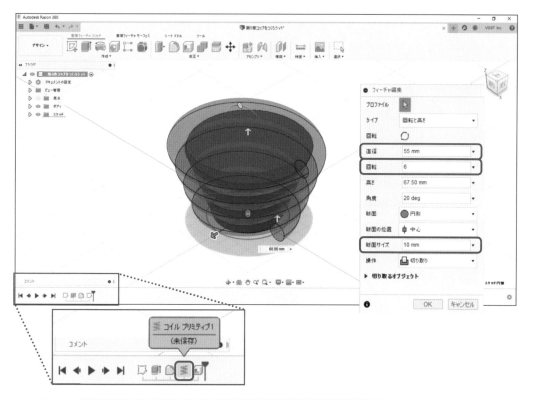

 上から順番にパラメータを変えていくとエラーメッセージがでます。

これは「回転：6」に設定した際に一時的にコイル形状自体が重なる形状となり、形状が作成できないためです。

そのまま「断面サイズ：10mm」に設定することで、コイル形状自体の重なりが無くなり、エラーが解消されます。

完成です！

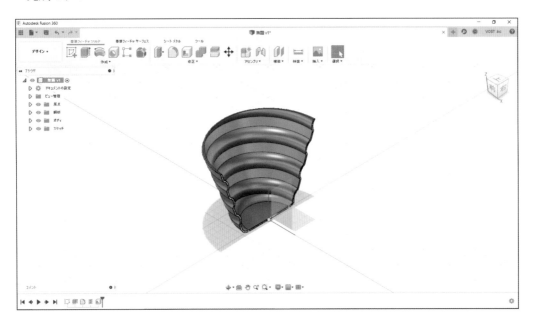

コップのデータはこの後使用しますので、「Cup」という名前を付けて保存しておきましょう。

6.5 課題『六角形の小皿』

以下の画像の六角形の小皿を作ってみましょう。

完成品

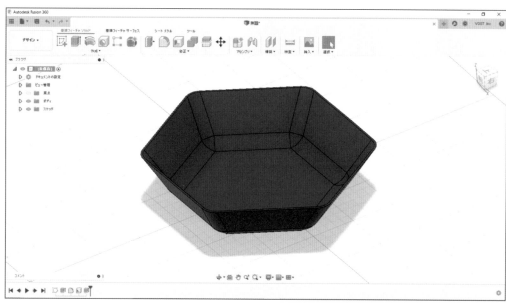

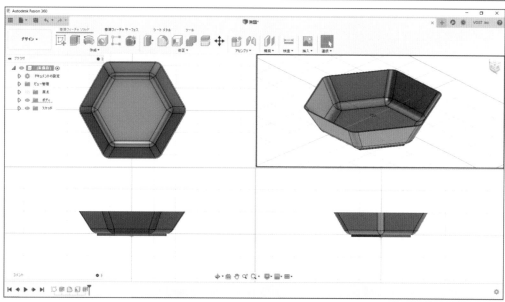

作成の条件

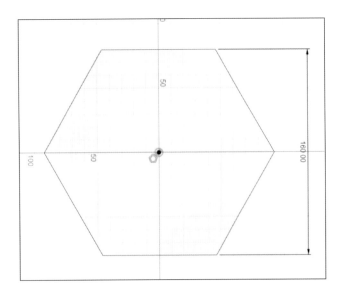

- 基準とする六角形の大きさ：対角線の幅 160mm
- 土台から上の形状の高さ：50mm
- 形状のテーパ（勾配）角度：30°
- 外側側面と外側底面のフィレットの半径：20mm
- 小皿の厚み：2mm
- 土台の高さ：5mm（土台は上の形状の底面から押し出します）

作成のヒント

※以下の作成方法はあくまで一例です。いろいろな作り方を試してみてください。

①まず六角形を作成しましょう。［作成］（スケッチ内）-［ポリゴン］-［外接ポリゴン］で簡単に作成できます。

②フィレットはシェルをする前に付けたほうが簡単です。

③底部の台座は押し出しコマンドで簡単に作成できます。

今回のモデル作成のための推奨コマンド

- ［作成］（スケッチ内）-［ポリゴン］-［外接ポリゴン］
- ［作成］（スケッチ内）-［スケッチ寸法］
- ［作成］-［押し出し］
- ［修正］-［フィレット］
- ［修正］-［シェル］

解答

解答は、以下 URL にてご紹介しております。

https://cad-kenkyujo.com/book/（「スリプリブック」で検索）

第7章

ワイングラスを作ろう

次の内容を学習します。

- 線の描き方（円弧、直線、オフセット、延長、トリム）
- 形状の作り方（回転、プレス / プル）
- スケッチの編集で形状の修正
- 材質の設定方法
- レンダリングの方法

7.1 この章の流れ

　第 2 章のクッキー型、第 6 章のコップでは、基本形状はスケッチを［押し出し］で厚みをつけて作成してきました。この章では、新しい考え方として、回転体を作成するためのスケッチの描き方と 3D 化の方法を学びます。また、「レンダリング」という CG の作成方法も学びます。

　最初に回転体を作成するためのスケッチ「断面曲線」を作成します（7.2 節）。この断面曲線は第 5 章で学んだスケッチの「スケッチ寸法」と「拘束」を利用して、スケッチをコントロールします。

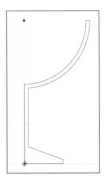

　新しい作成コマンドの［回転］を利用して、回転体を作成します（7.3 節）。

　スケッチを編集することで、形状が変更できる事を学びます（7.4 節）。

　CG を作成する「レンダリング」作業スペースの使い方を学びます（7.5、7.6、7.7 節）

7.2　ワイングラスの断面曲線を作成

［スケッチを作成］でXZ平面を選択します。

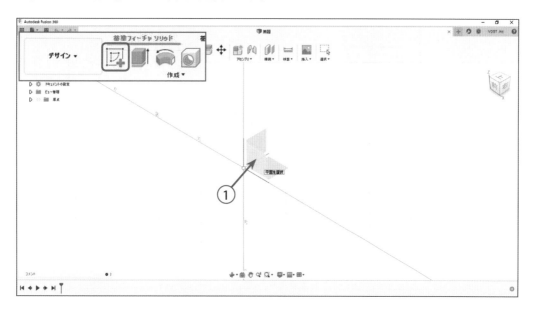

　［作成］-［線分］で原点から上方向に直線を引きます。スナップがOFFになっている場合、チェックが入っているONの状態にしてください。

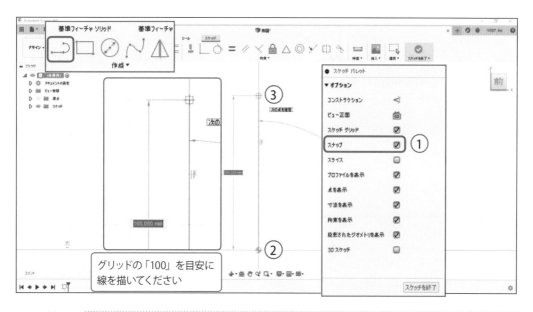

余りに大きさが違うと寸法を入れた時に形が大きく崩れる事があります。
そのため、予め目安として目的に近い長さで描きます。

[作成] - [円弧] - [3点指定の円弧] で円弧を描きます。

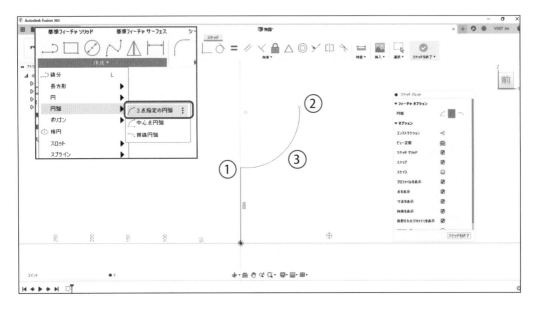

円弧の中心と、線分に [拘束] - [一致] の拘束を付けます。

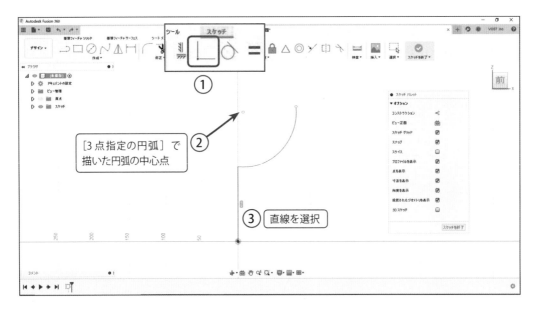

円弧の中心と、円弧の端点に［拘束］-［水平 / 垂直］の拘束を付けます。

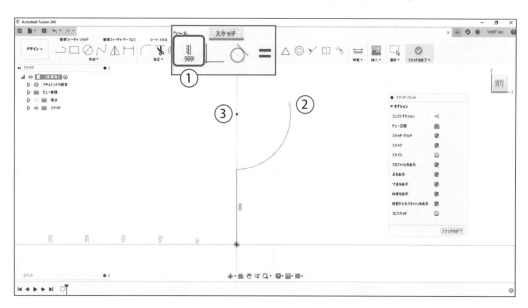

［水平 / 垂直］は、水平 / 垂直の拘束です。選んだ曲線やポイントの位置関係によって動作が変わります。選択した曲線やポイントが 45°以下の角度の場合、水平の拘束が付きます。45°よりも大きい角度の場合、垂直の拘束が付きます。

［作成］-［スケッチ寸法］で、縦「100mm」、「R80mm」の寸法を付けます。

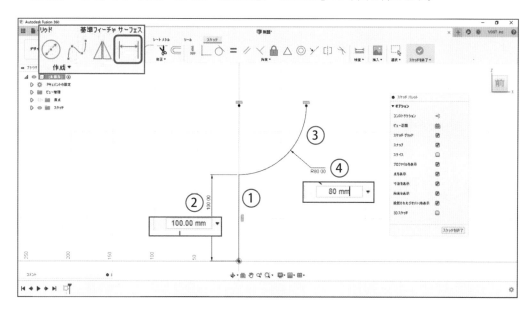

完全拘束のスケッチ要素の色変化

　　作成したスケッチに寸法や拘束を加えていくと、青い線と白いポイントが黒色に変化しているのにお気付きでしょうか？

　これは、要素が「完全拘束」と言われる状態になっている事を視覚的に教えてくれています。

　完全拘束とは、寸法や拘束で位置関係が固定されている状態です。簡単に言うとドラッグで移動できず、変形しない状態です。逆に言うと、完全拘束されていないと、別の操作によって、長さや位置関係が崩れてしまう危険性があります。

　そこで、正しい形状を作成するために、スケッチが完全拘束になっているか確認することが重要になります。例えば、左図では、垂直線は拘束と寸法が付いているため、完全拘束状態です。しかし、円弧は寸法も拘束も付いていないため、移動が可能です。右図は、円弧部分にも拘束と寸法を付けて、全てが完全拘束状態です。完全拘束では、寸法を意図的に変更しない限り変形する事はありません。

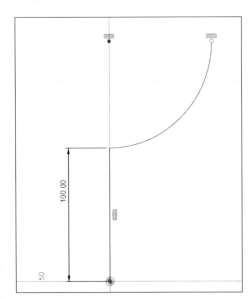

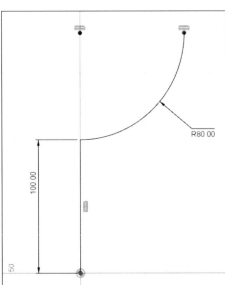

［修正］-［オフセット］で曲線を「5mm」オフセットします。

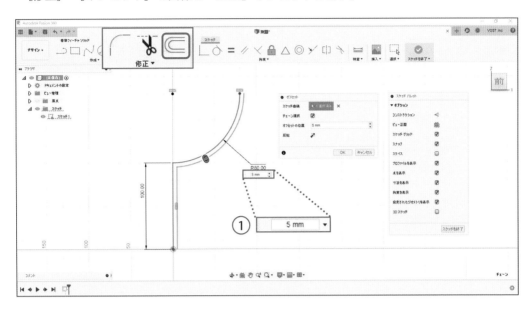

［作成］-［線分］でグラスのフチの曲線を作成します。

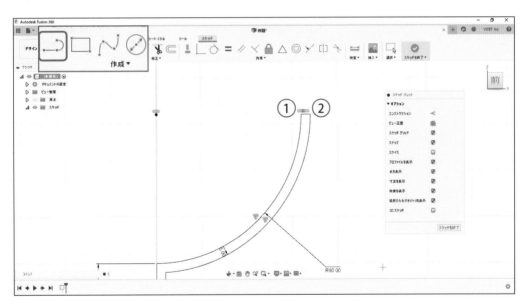

続けて、以下のような連続した直線を作成します。

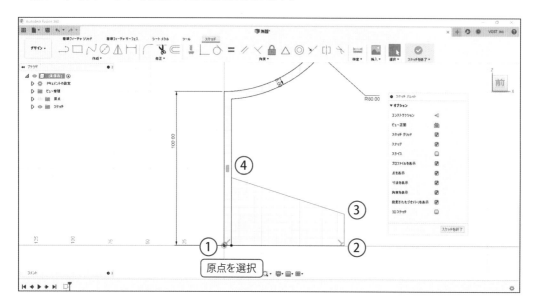

［作成］-［スケッチ寸法］で以下のように寸法を付けます。

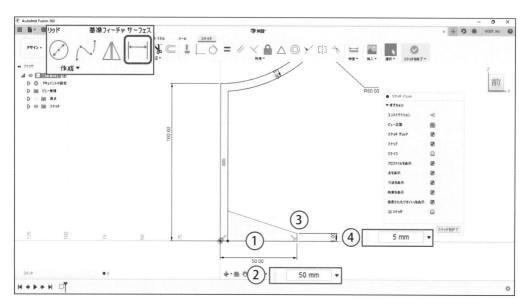

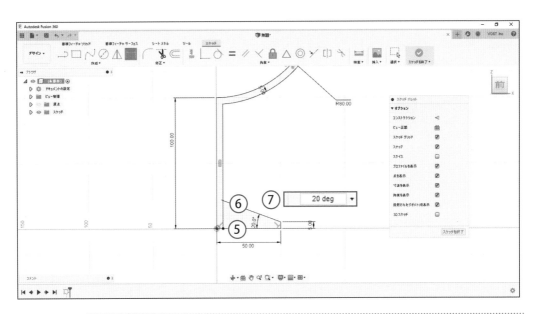

 大きく形が崩れた場合、Esc を押してコマンドを何も取っていない状態で崩れた線やポイントをドラッグし、形を整えてください。

［修正］-［トリム］で不要な曲線を削除します。

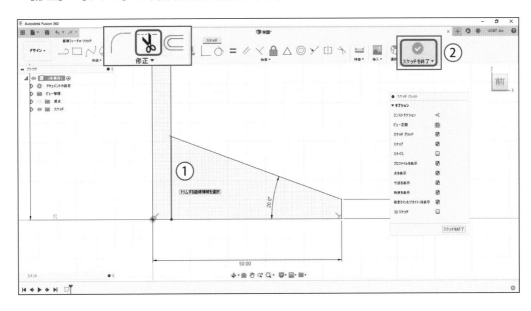

　[作成]-[スケッチ寸法]でオフセットで作成した線に「5mm」の寸法を2か所付け直します。寸法をつけたら、[スケッチを終了]でスケッチを終了します。

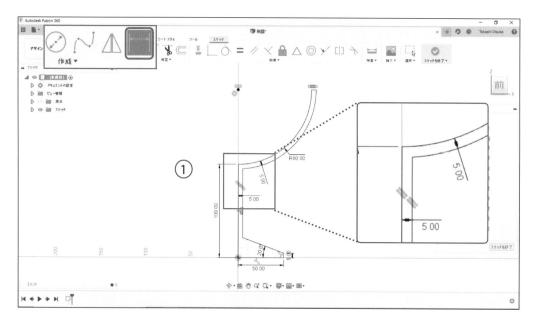

[トリム]で土台部分の線を削除したことでオフセットラインではなくなり、寸法も自動削除されます。そのため、手動で寸法を付け直し、完全拘束の状態にします。

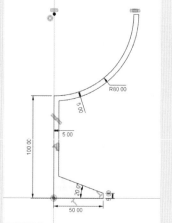

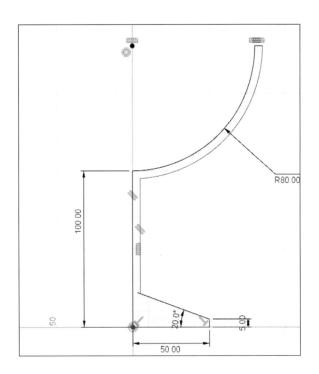

スケッチのいろいろな作図方法

　　例えば、スケッチに「直線」という機能しかなかったとします。直線があれば多くのモノが作れるので十分ですが、使っていくうちにどんどん大変さが増します。小物入れを作るため、長方形を描こうとしますが、4回線を描かないと長方形は描けません。4回なら我慢できるかもしれませんが、次に挑戦するのは正12角形のカタチがねじれた花瓶です。12回もコマンドを使っていくのは面倒で、3Dソフトでのモノづくりは大変で面倒くさい、となってしまうのです。

　そこで、対角の2点を指定すると長方形が描けるコマンドや、数字を打つだけで正12角形や正40角形を正確に描けるコマンドがあったらどうでしょう。便利ですよね。必ず覚えないといけないことはありませんが、知っているとモデリングが早く進み、どんどん楽しくなります。私達がFusion 360をお勧めしているのも、これらの機能が充実しているからなのです。

　　長方形、円、円弧などのコマンドを取った際に、スケッチパレットを見てみましょう。

　　この図の例は長方形ですが、「フィーチャ オプション」という項目が表示されます。ここで、[2点指定の長方形]か、[3点指定の長方形]か、[中心の長方形]を選べるようになっています。連続して長方形をいろいろな描き方で描く際に便利です。

7.3 ワイングラスの形状を作成

［作成］-［回転］で回転します。

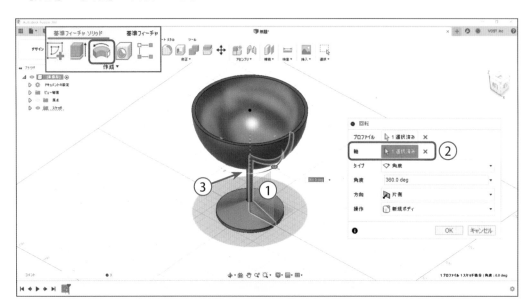

「軸」では、回転中心とする軸を選択します。

根元 2 か所に［修正］-［フィレット］で「R10mm」のフィレットを付けましょう。

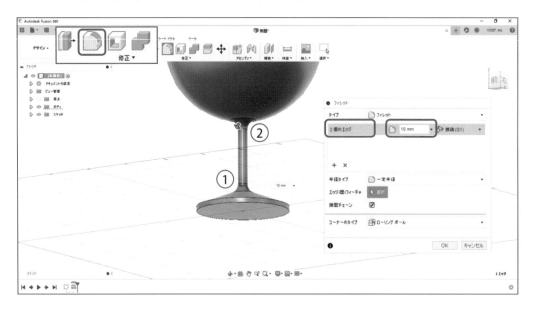

7.4 スケッチの編集で形状を変えよう

履歴バーから「スケッチ1」をダブルクリックし、編集します。

[作成] - [線分] で、持ち手に三角形の装飾を付けます。

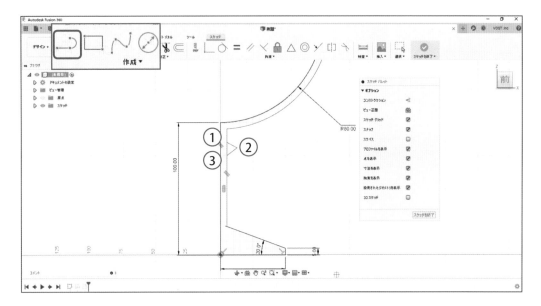

［作成］-［矩形状パターン］で、直線に 3 つ並べます。

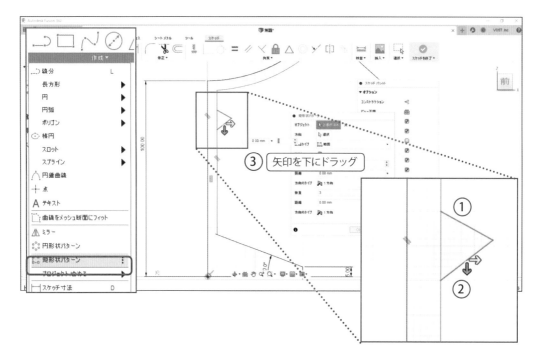

以下のように設定します。

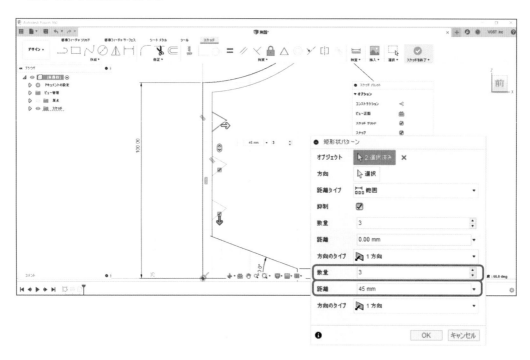

［修正］-［トリム］で不要な線を削除し、［スケッチを終了］でスケッチを終了します。

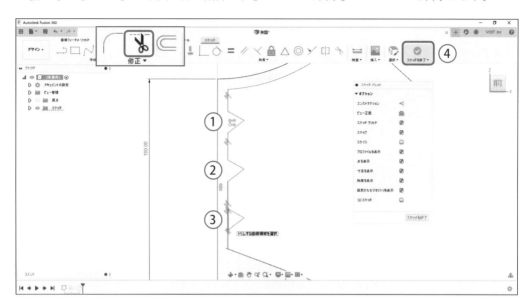

［スケッチを終了］でスケッチモードを終了すると、形状に装飾が付きます。

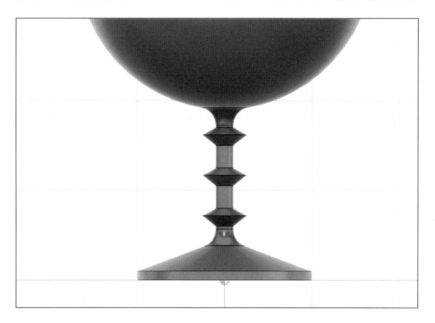

7.5　ワイングラスの土台を作成

［スケッチを作成］でYZ平面を選択します。

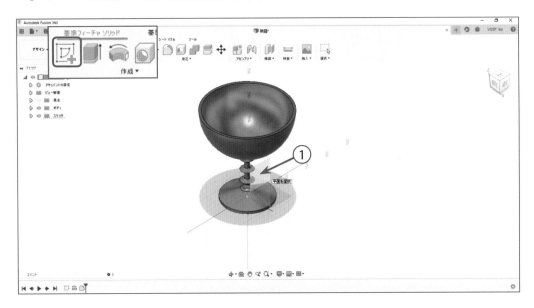

［作成］-［長方形］-［2点指定の長方形］で長方形を2つ作り、土台を作成します。サイズは特に指定しませんので、以下のような2つの長方形を作成します。

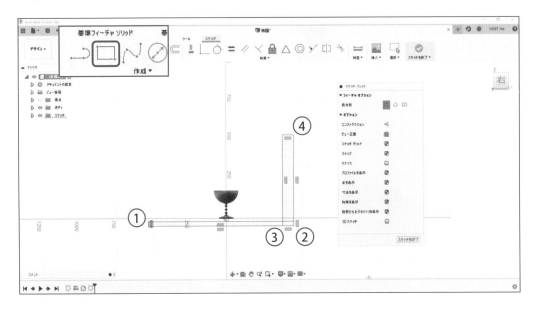

　[作成]-[プロジェクト/含める]-[プロジェクト]でグラスの底を選択し、投影線を作成します。

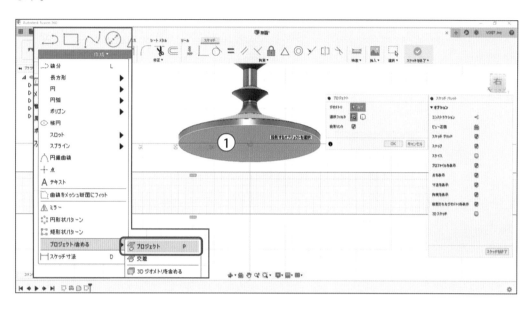

　[拘束]-[同一直線上]で、土台と投影線を合わせる拘束を付けます。

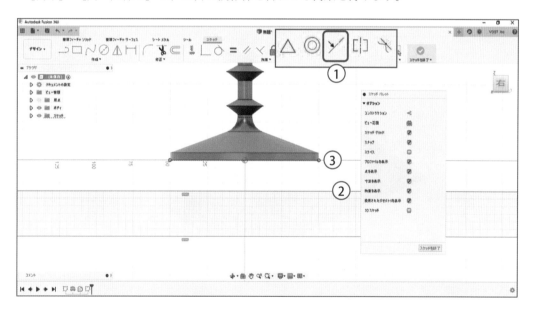

［修正］-［トリム］で不要な線をカットし、［スケッチを終了］でスケッチを終了します。

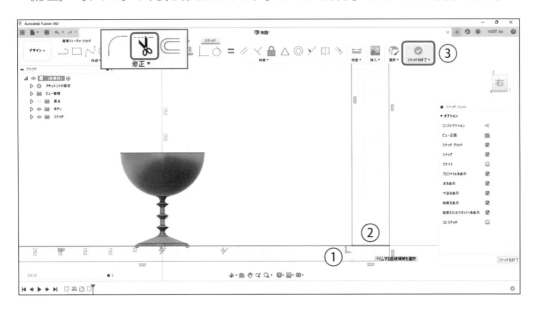

［作成］-［押し出し］で台を作成します。その際、「方向：対称」「操作：新規ボディ」に設定します。

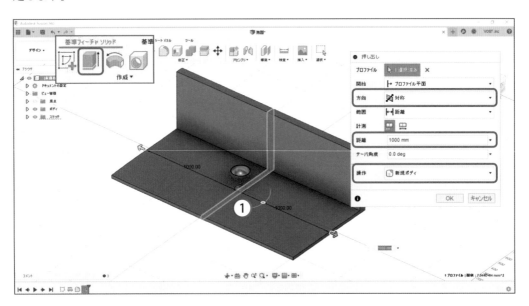

「操作：新規ボディ」に設定しないと、自動的に「結合」に設定されるため、土台とワイングラスが一体化されます。きちんとボディが分かれているかを、ブラウザの「ボディ」で確認してください。「ボディ1」がワイングラス、「ボディ2」が土台になっていれば正しい状態です。

土台に［修正］-［フィレット］でフィレットを付けます。

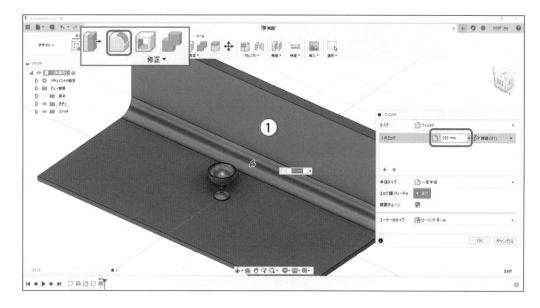

7.6 レンダリングをしよう！

　画面左上の［デザイン］をクリックし、［レンダリング］を選択します。レンダリングワークスペースに切り替わります。

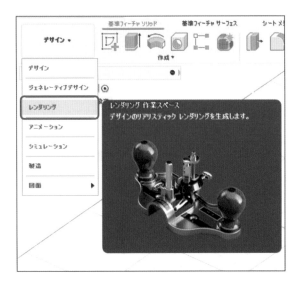

　［設定］ - ［外観］で、ガラスの見た目を変更します。

　［ガラス］ - ［滑らか］ - ［ガラス（クリア）］をワイングラスの上にドラッグ＆ドロップします。すると、ワイングラスが透明になります。

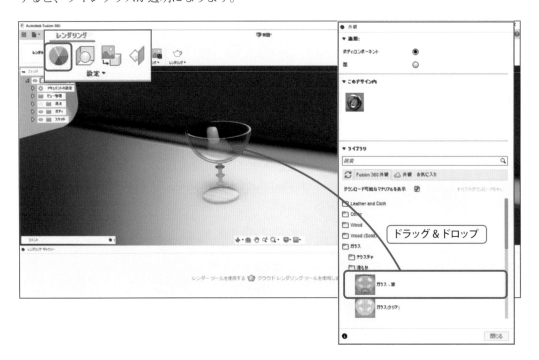

続けて、土台に［木材］-［仕上げ］-「オーク材 - 半光沢」をドラッグ＆ドロップします

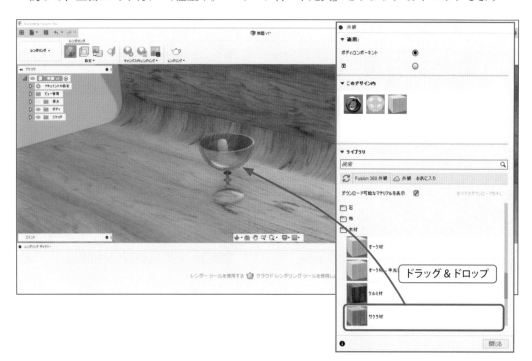

［設定］-［外観］コマンドは、［デザイン］作業スペースの［修正］-［外観］コマンドと同じコマンドです。

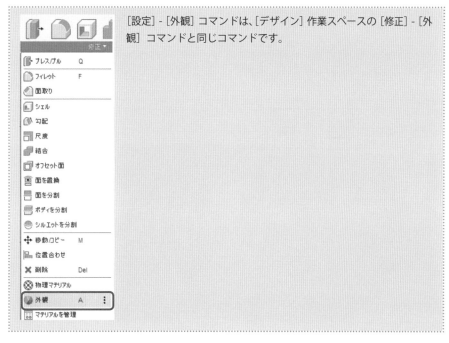

［キャンバス内レンダリング］-［キャンバス内レンダリングの設定］を選択し、「ビューをロック」を有効にします。

「ビューをロック」を有効にすることで、画面が移動してレンダリングがリセットされることを防ぎます。

見た目のいい位置にビューを変更し、［キャンバス内レンダリング］-［キャンバス内レンダリング］を選択します。

しばらく待つと、きれいな画像になります。

　［キャンバス内レンダリング］-［イメージをキャプチャ］で画面をキャプチャーすることができます。

待つ時間が長いほど、処理が進んできれいな画像になります。しかし、2分以上からは、よっぽど大きく拡大するなどしないとわからないレベルになりますので、1〜2分程度でキャプチャーするのをお勧めします。

　［キャンバス内レンダリング］-［キャンバス内レンダリングの停止］でレンダリングを終了します。

必ず［キャンバス内レンダリングの停止］で終了してください。終了しないとバックグラウンドで計算を行い続けるため、パソコンに負荷がかかり続けることになります。

7.7 ワインを作ろう

［デザイン］作業スペースに戻ります。

［スケッチを作成］で平面を選択します。

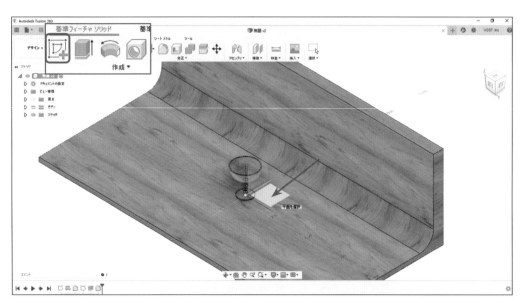

　［長方形］-［2点指定の長方形］で、ワイングラス全体が囲まれるように長方形を描き、［スケッチを終了］でスケッチを終了します。

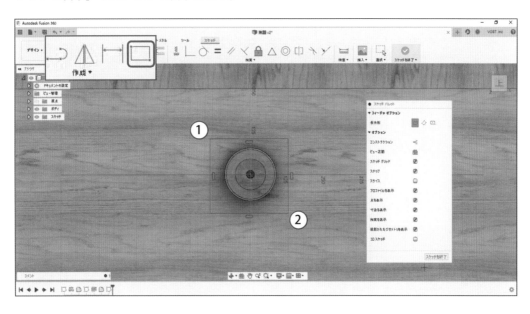

　［作成］-［押し出し］で「160mm」伸ばし、「操作」を「新規ボディ」に設定して直方体を作ります。

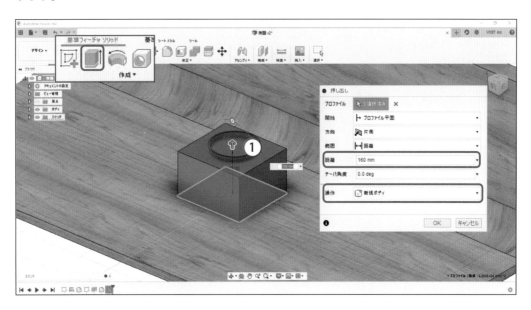

［作成］-［境界塗り潰し］で「ツールを選択」でワイングラスと直方体の2つを選択します。

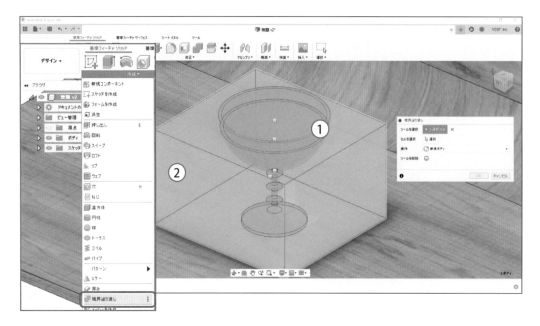

「セルを選択」を「選択」に切り替えて、グラスの中身の部分を選択し、［OK］します。

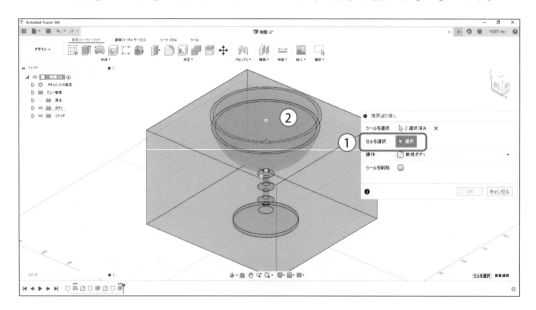

ブラウザから「ボディ3」を非表示にします。

［スケッチを作成］で縦の平面を選択します。

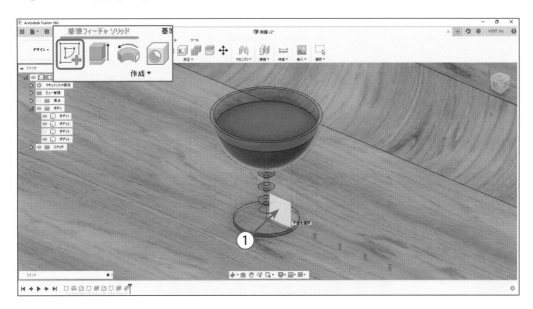

［作成］-［スプライン］-［フィット点スプライン］でワインの上面を作成します。

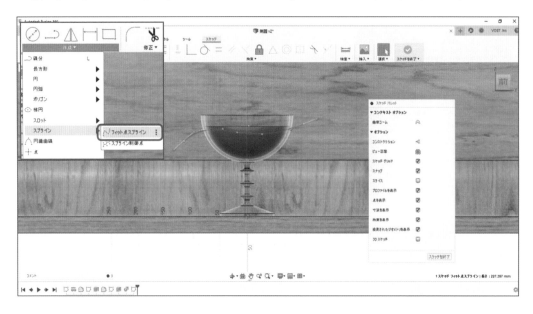

［修正］-［ボディを分割］で、「分割するボディ」でワインの中身を選択、「分割ツール」で
スプライン曲線を選択し、ワインをカットします。

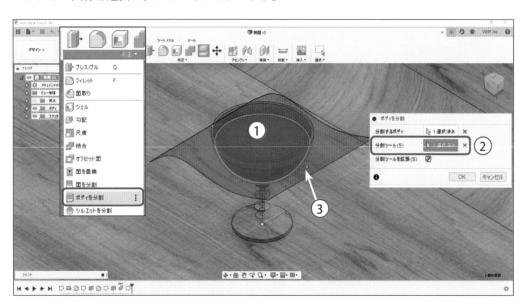

ブラウザからワインの上側の「ボディ *」を右クリックし、「除去」します。

　［修正］-［外観］で、［プラスチック］-［透明］-［アクリル（赤）］を選択し、ワインにドラッグ＆ドロップします。

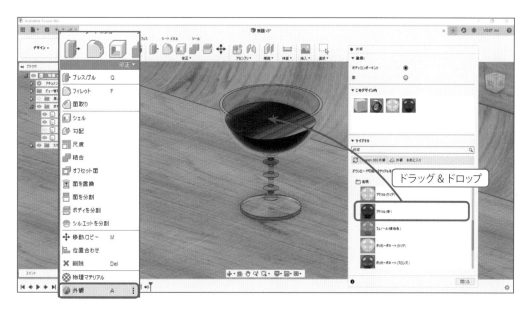

再度、レンダリングして完成です！

クラウドでレンダリング

　［キャンバス内レンダリング］は透明度や屈折率・反射率などを考慮して画像を作成するため、非常にパソコンのパワーが必要となり、高品質な画像を作成しようとすると非常に時間がかかります。また、計算中は他の作業ができなくなってしまいます。

　そんな時に便利なのが、クラウドでレンダリングしてくれる機能［レンダリング］です。

　［レンダリング］を実行すると以下のダイアログが表示されます。画像サイズを選択し、［レンダリング］でクラウドでのレンダリングが実行されます。

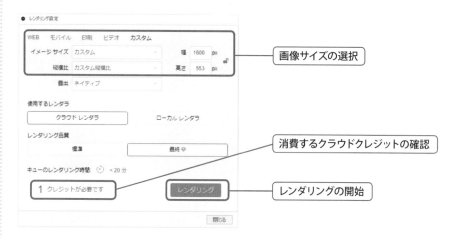

　※クラウドクレジットとは、レンダリングの作成やシミュレーションの実行など、あるタスクをオートデスククラウドサービスを使用するクラウド環境で実行するために必要な測定単位です。2018年10月現在、無償ライセンスユーザーは無制限になっています。

　クラウドのレンダリングが終了すると、画面下の「レンダリングギャラリー」に追加されます。欲しい画像を選択し、ダウンロードボタンで画像を保存します。

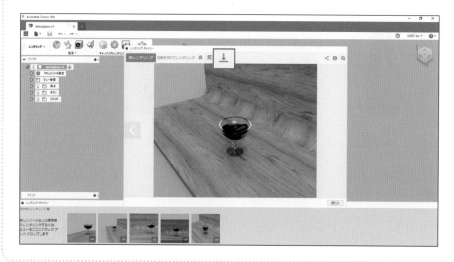

7.8 課題『一輪挿し』

以下の画像の一輪挿しを作ってみましょう。

完成品

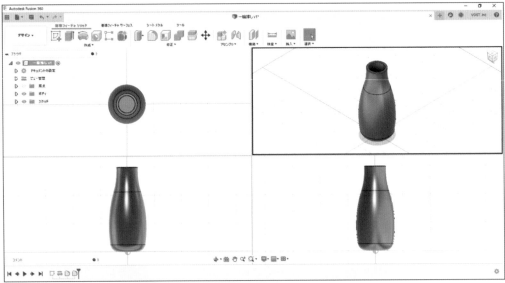

作成の条件

● 基準とするスケッチ

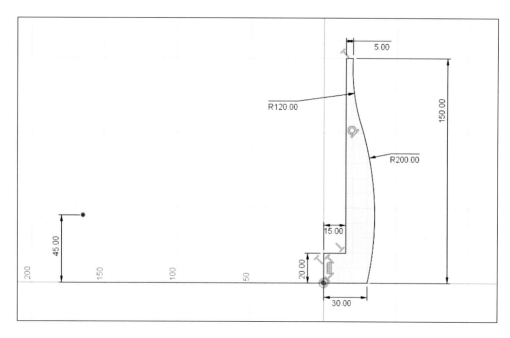

● スケッチの側面は、R200mm の円弧と R120mm の円弧の 2 本で構成します。
● 底部分のフィレット径：15mm
● 上面部分の 2 か所のフィレット径：1mm

作成のヒント

※以下の作成方法はあくまで一例です。いろいろな作り方を試してみてください。

① 「接線」や「水平 / 垂直」の拘束を使用して形を整えてください。
② スケッチにはフィレットを付けず、形状を作成後にフィレットを付けるほうがうまくいくことが多いです。

今回のモデル作成のための推奨コマンド

● ［スケッチを作成］-［線分］
● ［スケッチを作成］-［円弧］-［3 点指定の円弧］
● ［スケッチを作成］-［スケッチ寸法］
● ［作成］-［回転］
● ［修正］-［フィレット］

解答

解答は、以下URLにてご紹介しております。

http://fusion360.3dworks.co.jp/book（「スリプリブック」で検索）

第 **8** 章

コップに
取っ手を付けよう

次の内容を学習します。

- ファイルの開き方
- 線の描き方（円弧）
- ［フォーム］モードの使い方
- 左右対称のモデリングの方法

8.1 この章の流れ

第 6 章のコップで作成したコップに［フォーム］モードで取っ手を作成します。この［フォーム］モードは Fusion 360 の特徴的な機能の一つで、直感的に滑らかな曲面を作成することができます。

最初に、［フォーム］モードで取っ手のベース形状を作成します（8.3 節）。

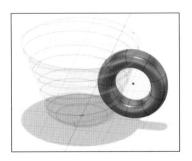

［フォーム］モードでベース形状を直感的に編集します（8.4、8.5 節）。

通常のモードで取っ手を編集し、コップに結合します（8.6 節）。

8.2 コップのファイルを開く

［データパネルを表示］コマンドで、データパネルを表示します。

「Cup」をダブルクリックし、ファイルを開きます。

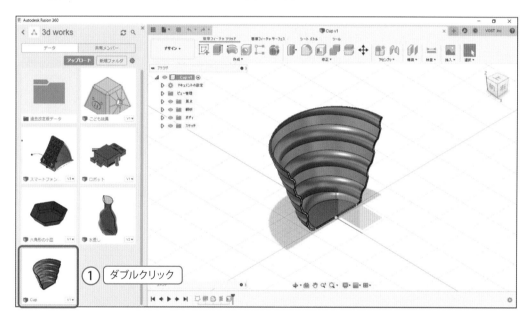

① ダブルクリック

本項を学習するには、第6章「コップを作ろう」を事前に行ってください。「コップを作ろう」を学習されていない方は、以下のURLからダウンロードできます。

https://cad-kenkyujo.com/book/（「スリプリブック」で検索）

「f3d」フォルダに入っている「Cup-02.f3d」ファイルを開きます。ファイルの開き方は4.4節の「(1) クラウド上に直接保存する方法」または「(2) 一時的に保存する方法」を参照してください。

8.3 取っ手の作成

ブラウザで、[解析] - [断面 1] のライトマークを OFF にし、コップの断面表示を解除します。

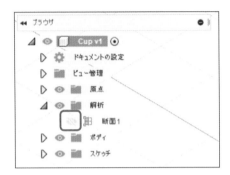

[スケッチ作成] を選択し YZ 平面を選択します

［作成］-［円］-［中心と直径で指定した円］を選択し、以下のような円を作成します。

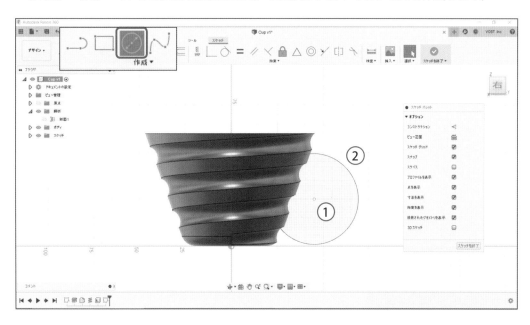

［スケッチ］-［スケッチ寸法］で寸法を作成します。
円の中心点と原点に横「40mm」の寸法を付けます。

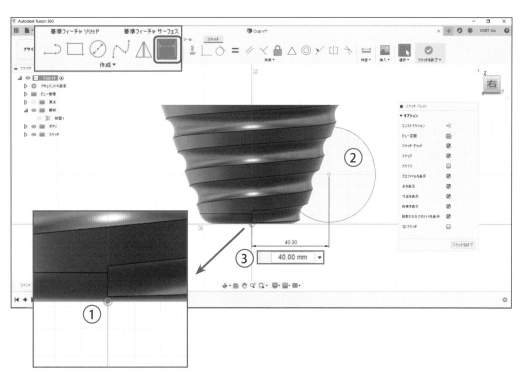

円の中心点と原点に縦「30mm」の寸法を付けます。

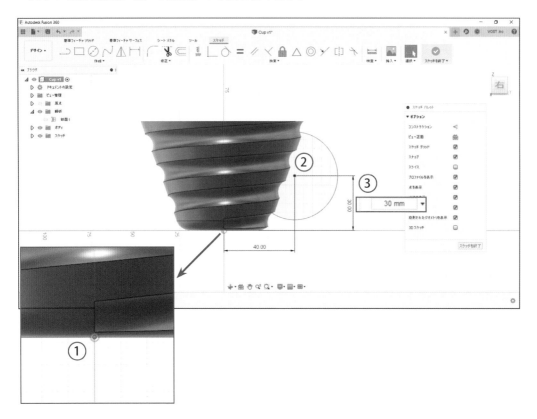

円の直径に「45mm」の寸法を付けます。

描き終わったら、[スケッチを終了] でスケッチを終了します。

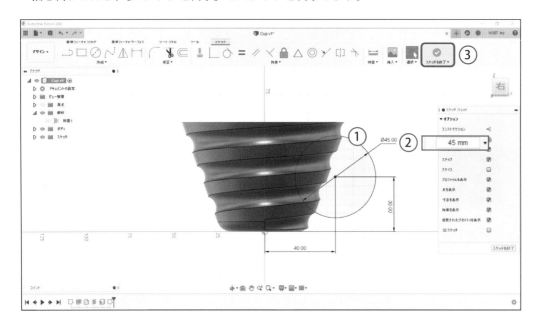

［作成］-［フォームを作成］を選択し、［フォーム］モードに入ります。

 ［フォーム］モードでは、面やエッジや頂点を引っ張ったりねじったりすることで、意匠面を直感的に作成できます。

 ［フォーム］モードでは、以下のような紫色のアイコンが表示されます。スケッチを作成する際に「スケッチモード」に入っているのと同じように、［フォーム］モードに入っています。終了する際には「フォームを終了」ボタンを押します。

［作成］-［パイプ］を選択します。

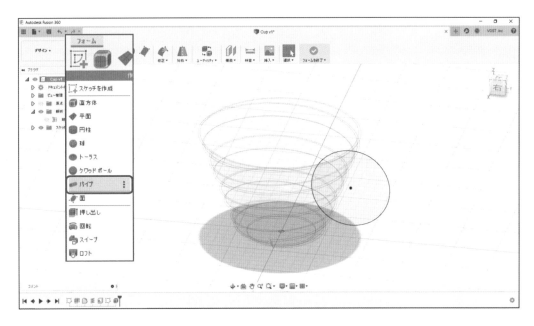

円を選択し、設定を行います。

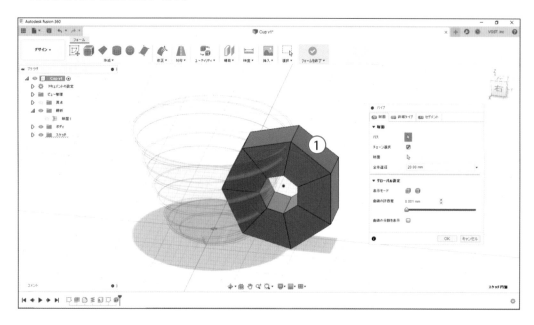

［断面］タブで、「全体直径：15mm」、「表示モード：スムーズの表示」に設定します。

[フォーム] モードでは、履歴は付加されません。間違えた場合、履歴での修正はできませんので、ご注意ください。

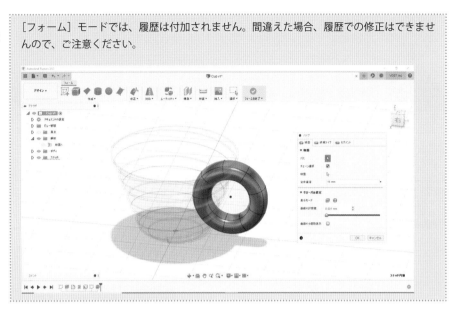

8.4 取っ手の変形

[対称] - [ミラー - 内部] で、左右対称の設定をします。

まず面を1つ選択し、次にその面と左右対称になる面を選択します。

左右対称になった際には、エッジが緑色になります。

左右対称を解除する場合は、［対称］-［対称をクリア］を選択します。

8.5 フォームを編集の使い方

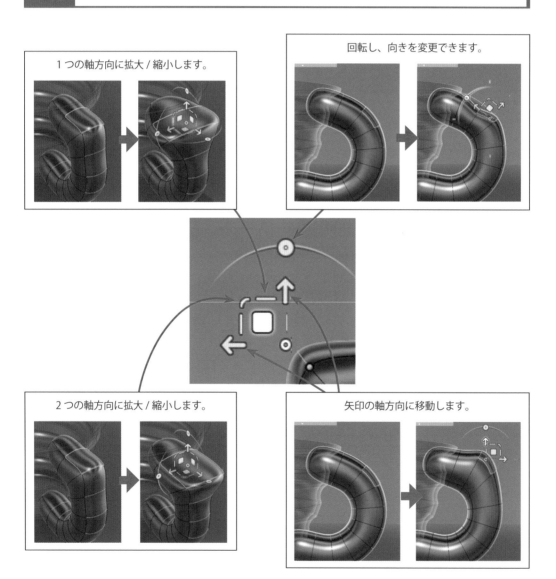

1つの軸方向に拡大 / 縮小します。

回転し、向きを変更できます。

2つの軸方向に拡大 / 縮小します。

矢印の軸方向に移動します。

［修正］-［フォームを編集］で、取っ手を変形します。

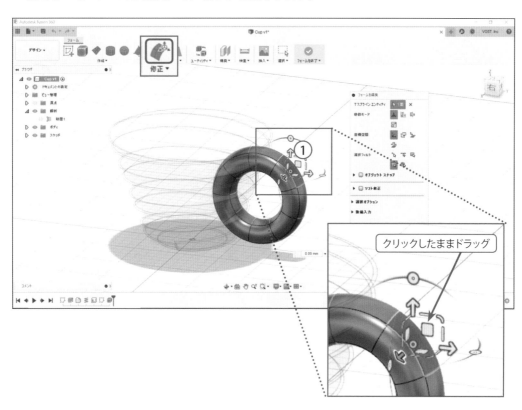

クリックしたままドラッグ

形状を編集する際に、1つの形状内で交差してしまう場合があります。これを、自己交差している状態と呼びます。このような箇所があると、実際のモノとして成り立たなくなるため、［フォームを終了］をした際に形状が消えてしまいます。

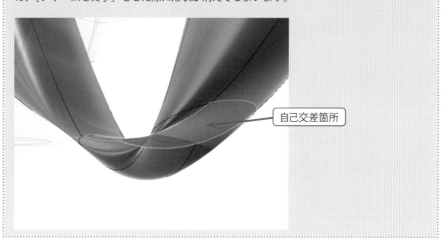

自己交差箇所

自己交差に注意しながら自由に変形してください。

Ctrl キー（Mac は Command キー）を押しながら選択することで、複数の面を選択し、同時に移動などができます。

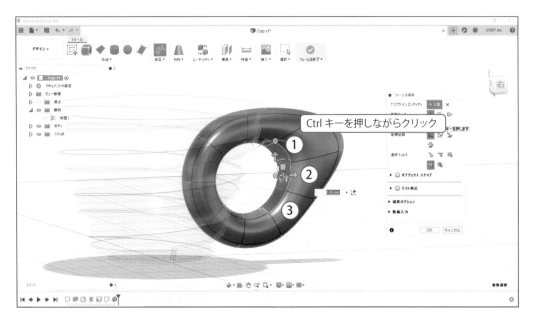

取っ手はコップの上部や下部からはみ出さないように作成してください。

変形できたら［フォームを終了］を選択します。

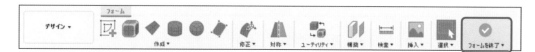

［フォームを終了］を選択すると、［フォーム］モードが終了し、通常のモデリングコマンド
に戻ります。

［フォーム］モードで編集した内容には履歴が付きません。作成した形状は「フォーム1」
という履歴に含まれています。この形状を再度編集するには、「フォーム1」の履歴をダブ
ルクリックして編集します。

8.6 取っ手の編集をしよう

［スケッチ作成］を選択し平面を選択します。

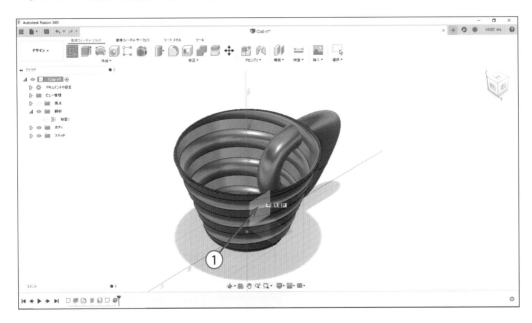

［作成］-［円］-［中心と直径で指定した円］を選択し、取っ手におさまるような円を作成します。

［作成］-［押し出し］で円の内側をカットします。「方向」を「対称」に設定します。

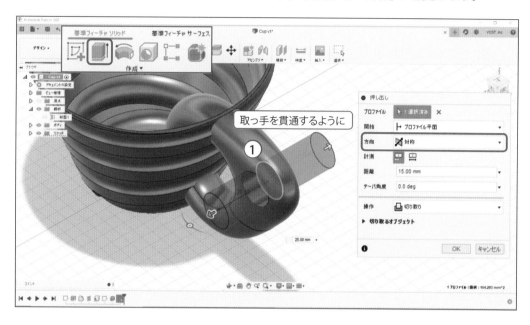

［修正］-［フィレット］で、穴の周りに「R3mm」のフィレットを付けます。

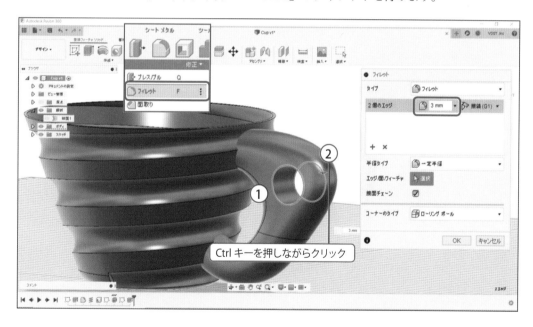

［修正］-［結合］で、コップと取っ手をくっつけます。

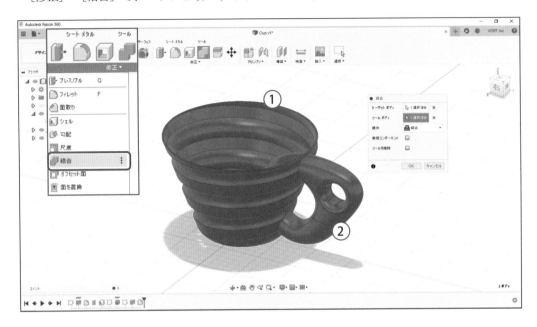

内側の面を選択し、Delete キーで削除します。

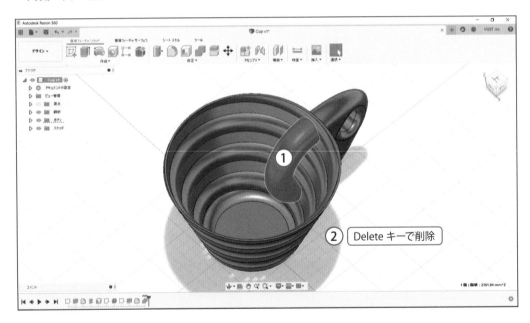

完成です！

 面の削除って実はすごい！

　形状の面を選択して、Delete キーで削除する作業をしました。これは、どのような場面でも使用できるわけではなく、実は内部的には複雑な処理をしてくれているのです。

　例えば、角にフィレットが付いた形状のフィレット部分の面を単純に「消す」ということを考えてみましょう。すると、面をはがすので、右のように中が見えた状態になります。

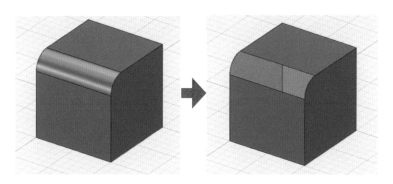

　そこから、周りの面を伸ばして、ぶつかったらカットして、穴が開いたら埋めて……という作業を内部的に行っています。

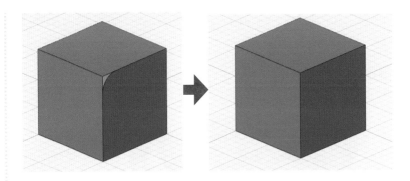

　そのため、以下のような場合は、面を削除できません。周りのフィレット面を伸ばすと、くるんと丸まってしまいますので、伸ばしてもぶつからない形状になります。この場合、フィレット面を含めて選択すると、穴部分を削除することができるようになります。

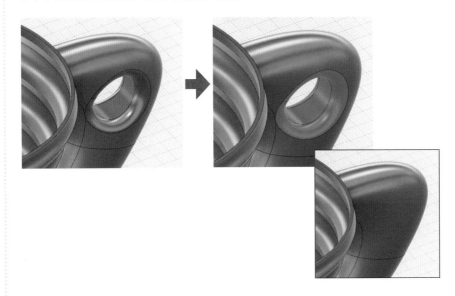

8.7 課題『人形の箸置き』

以下の画像の人形の箸置きを作ってみましょう。

完成品

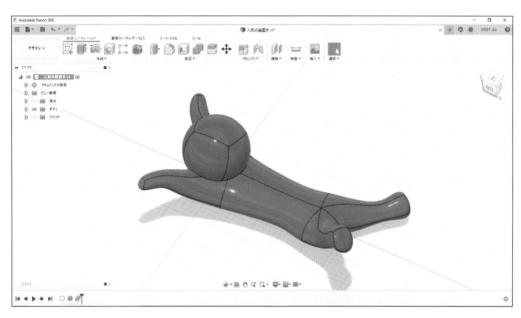

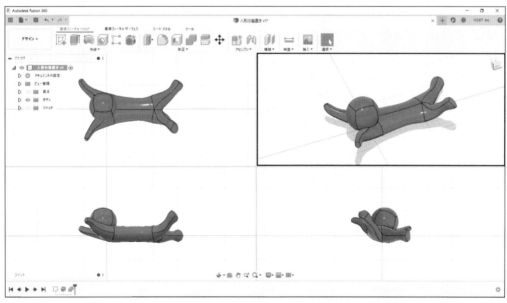

作成の条件

● 基準とするスケッチ

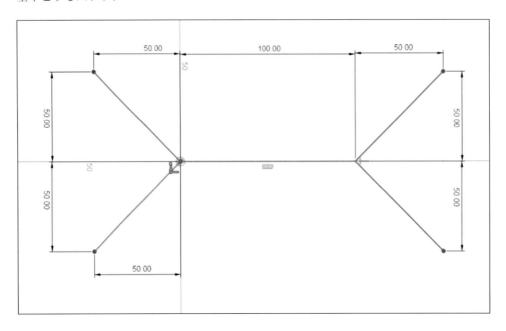

● 基準とするパイプ太さ：30mm
● 頭部の直径：60mm

作成のヒント

※以下の作成方法はあくまで一例です。いろいろな作り方を試してみてください。

① スケッチを描く際には、［スケッチパレット］の「スナップ」をONにしておくことで、グリッドを基準に線が描けるため便利です。
② モデルの作成及び編集は［フォームを作成］で［フォーム］作業スペース内で行います。
③ ある程度まで対称の状態で形を整え、最後の仕上げで片側のみ微調整すると早く作成することができます。
④ ［フォームを編集］で形状全体を移動するには、形状のフェイスをダブルクリックすることで形状全体を選択できます。

今回のモデル作成のための推奨コマンド

● ［作成］（スケッチ内）- ［線分］
● ［作成］（スケッチ内）- ［スケッチ寸法］
● ［作成］- ［パイプ］（［フォーム］作業スペース）
● ［作成］- ［球］（［フォーム］作業スペース）
● ［修正］- ［結合］（［基準フィーチャソリッド］作業スペース）

解答

解答は、以下URLにてご紹介しております。

https://cad-kenkyujo.com/book/（「スリプリブック」で検索）

第9章

簡単な
スマートフォンスタンド
を作ろう

次の内容を学習します。

- 線の描き方（直線、円、長方形、オフセット）
- 寸法拘束の練習
- 形状の面上のスケッチ
- 形状の作り方（押し出し）
- 形状の編集方法（勾配、フィレット、パターン、ミラー）

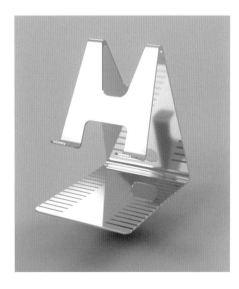

9.1 この章の流れ

　この章では、スマートフォンスタンドを作成しながら、スケッチを形状の面上に描く方法、繰り返し形状や左右対象な形状のコピー方法を学びます。

　最初にベース形状を作成します（9.2 節）。

　形状の面上や基準平面にスケッチを描き、形状を編集します（9.3 節）。

繰り返しの装飾をコピーし、データを仕上げます（9.3 節）。
9.0-3.png

9.2　スマートフォンスタンドの断面曲線を作成

［スケッチを作成］で横向きの平面（YZ 平面）を選択します。

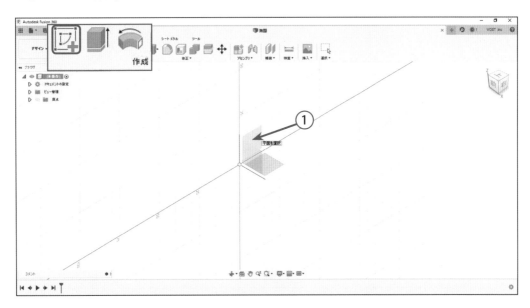

［作成］-［線分］で原点から、以下のような連続した直線を作成します。

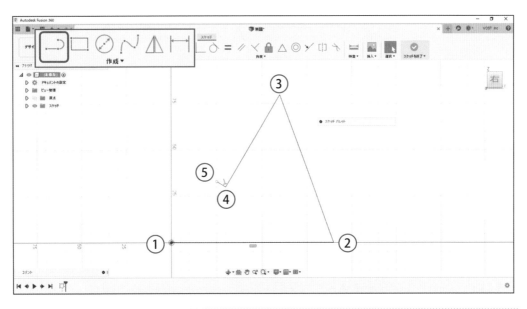

　連続した直線を作成する際に直交の拘束が付いていない場合は、「スケッチパレット」の［直交］で拘束を付けることができます。

［作成］ - ［スケッチ寸法］で幅「140mm」、高さ「150mm」の寸法を付けます。

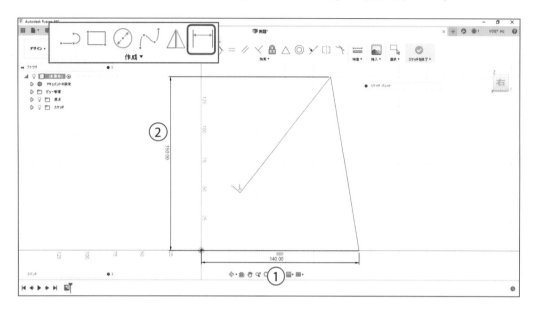

続いて、「70°」と「45°」の寸法を付けます。

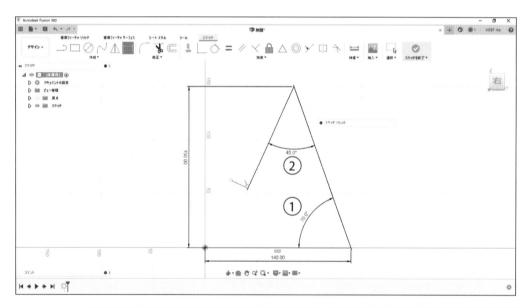

 大きく形が崩れた場合、Escを押してコマンドを何も取っていない状態で崩れた線やポイントをドラッグし、形を整えてください。

［修正］-［オフセット］で内側に「2mm」オフセットします。

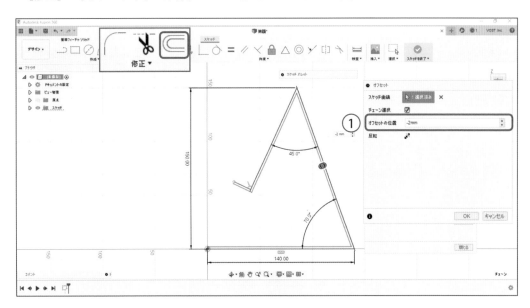

［作成］-［線分］で端の2箇所をつなぎ、閉じた曲線にします。

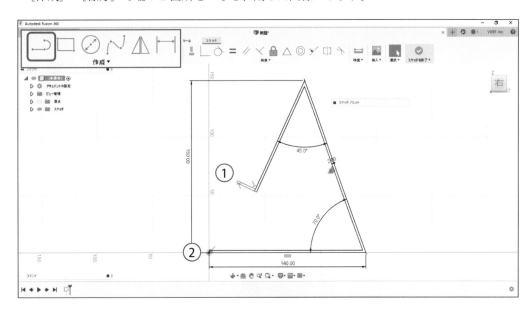

　続いて、スマートフォンを乗せる部分に縦「110mm」、横「25mm」の以下の寸法を作成し、[スケッチを終了]でスケッチを終了します。

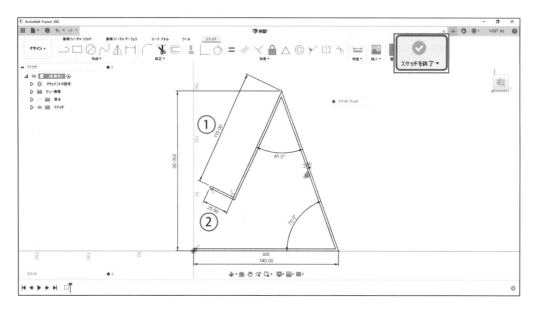

9.3 スマートフォンスタンドの形状を作成

[作成] - [押し出し]で、「方向」を「対称」、「距離」を「50mm」で伸ばします。

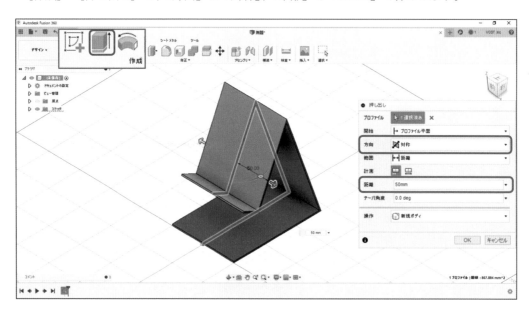

［スケッチを作成］で前面の平面を選択します。

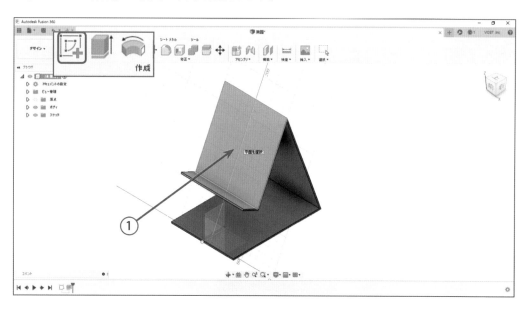

［作成］-［長方形］-［中心の長方形］長方形を作成し、［作成］-［スケッチ寸法］で縦「35mm」、横「45mm」の寸法を付けます。

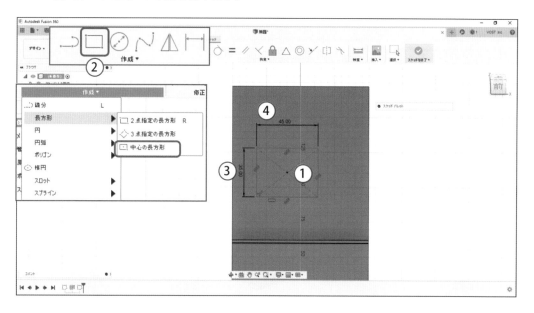

　［作成］-［スケッチ寸法］で長方形の中心点に縦「100mm」、横「50mm」の寸法を付け、［スケッチを終了］でスケッチを終了します。

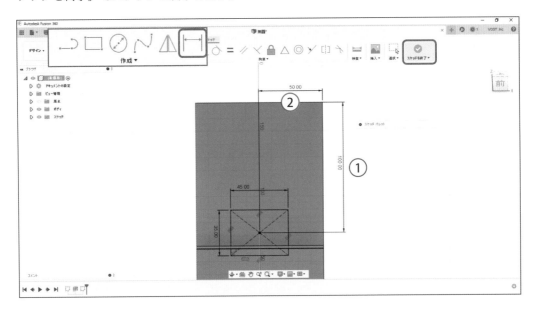

　［作成］-［押し出し］で、2か所のプロファイルを選択し、［方向］を「対称」、「距離」を「30mm」で切り取ります。

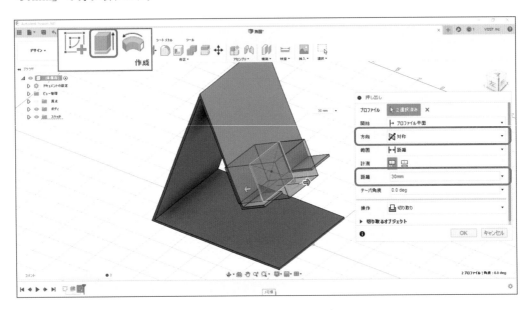

［スケッチを作成］で、正面方向からの XZ 平面を選択します。

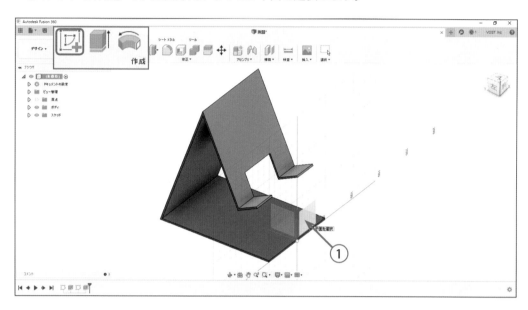

［作成］-［長方形］-［中心の長方形］長方形を作成し、［スケッチ］-［スケッチ寸法］で縦「15mm」、横「30mm」の寸法を付けます。

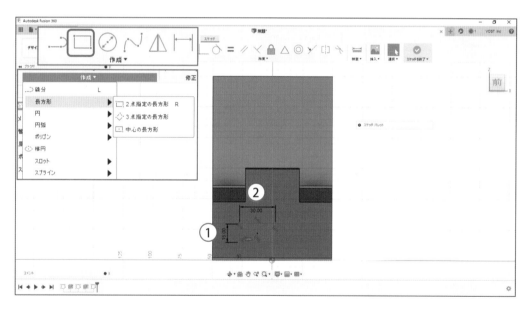

続けて、長方形の中心点に縦「20mm」、横「50mm」の寸法を付けます。

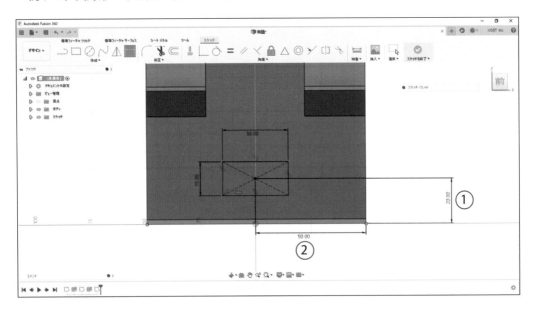

続けて、[作成] - [線分] で下のように連続した直線を作成します。

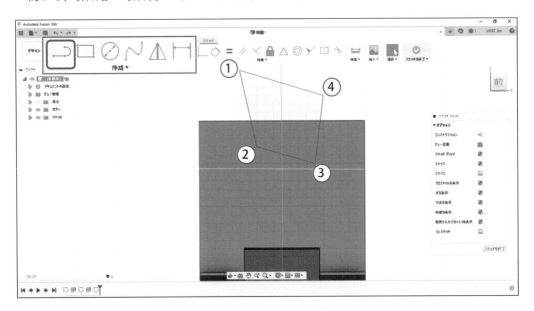

［拘束］-［水平／垂直］で上下の直線を水平にします。

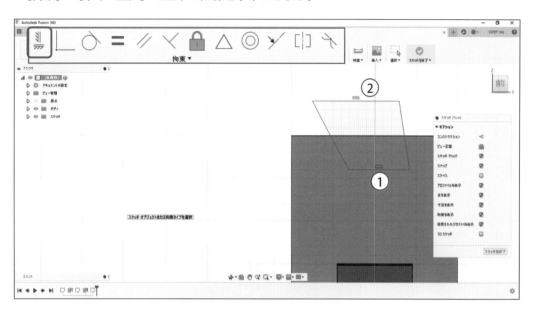

［作成］-［スケッチ寸法］で下の直線を「25mm」、角度「75°」、高さ「50mm」の寸法を付けます。

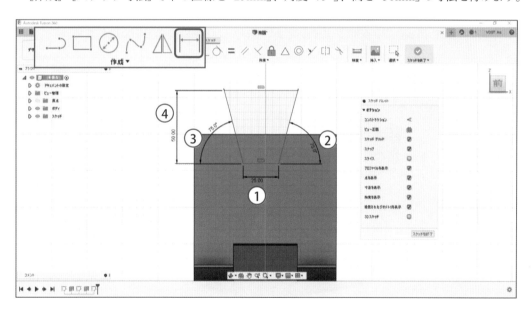

　続けて、スマートフォンスタンドの一番上のエッジと下の直線との間に縦「45mm」、横「37.5mm」で寸法を付けます。

　できたら、［スケッチを終了］でスケッチを終了します。

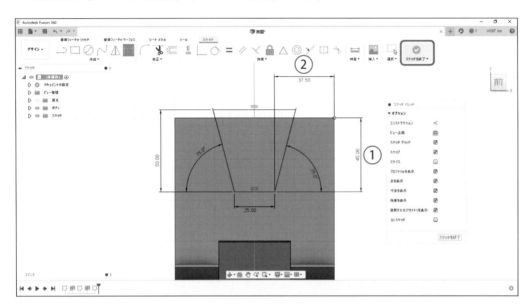

　［作成］-［押し出し］で、プロファイルを2つ選択し、任意の長さで切り取ります。

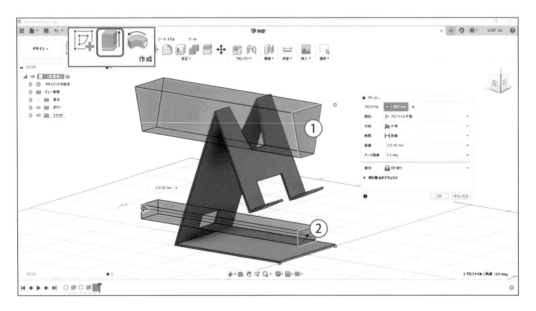

［修正］-［勾配］で、XY 平面を基準に側面を「5°」傾けます。

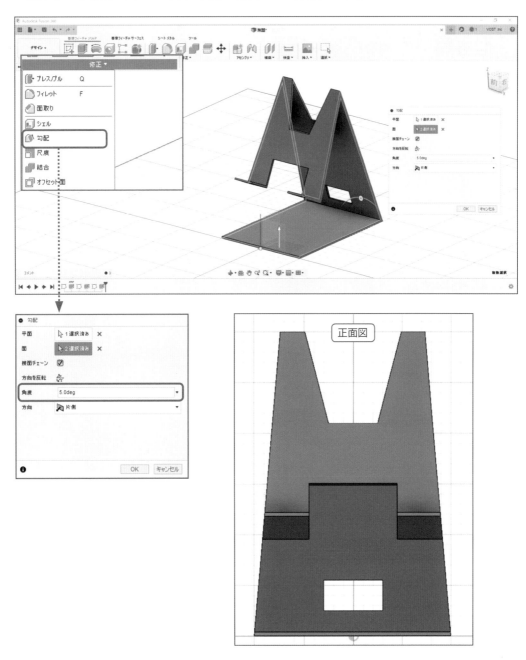

正面図

［スケッチを作成］でXY平面を選択します。

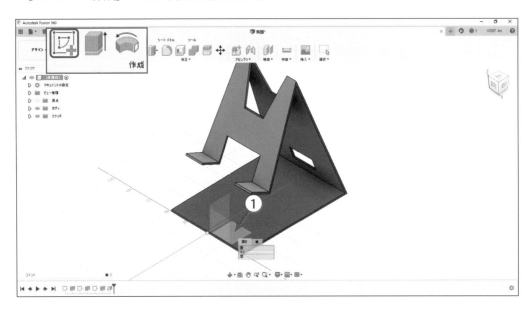

［作成］-［長方形］-［2点指定の長方形］形状のエッジを超えるように、右下に長方形を作成します。

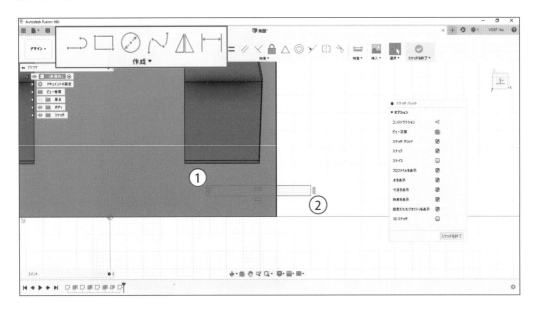

　［作成］-［スケッチ寸法］で長方形の縦「2mm」、形状の角から縦「8mm」、横幅が「25mm」
の寸法を付けます。

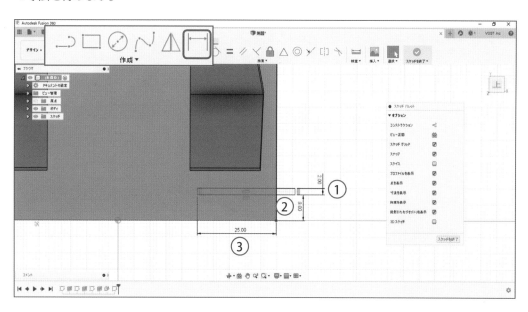

　［作成］-［押し出し］で任意の長さで切り取ります。

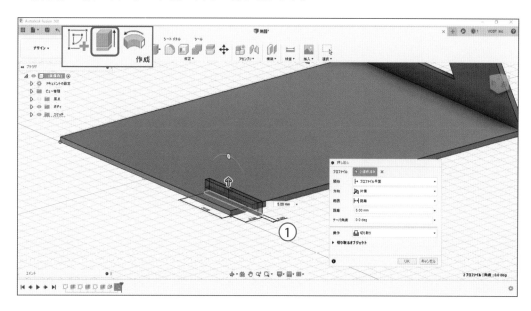

　[作成]‐[パターン]‐[矩形状パターン]で「パターンタイプ」を「フィーチャ」に切り替え、「オブジェクト」は履歴バーから最後の「押し出し」を選択します。

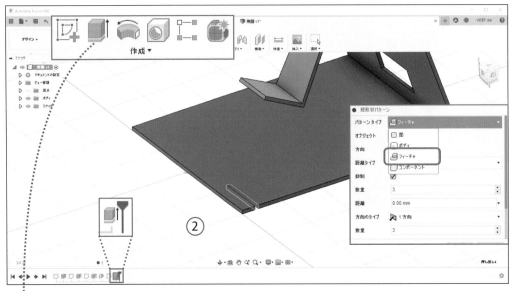

②

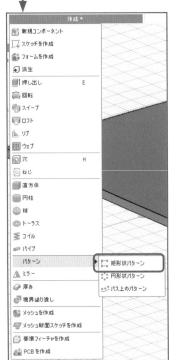

「方向」で長いエッジを選択し、「数量」を「15」、「距離」を「110 mm」に設定します。

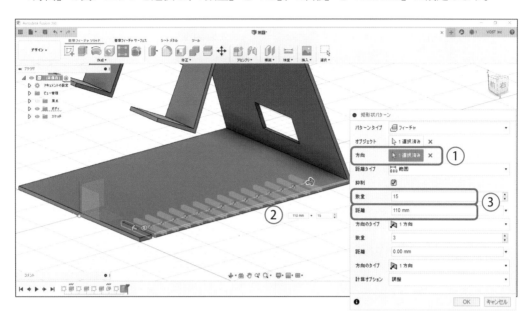

［作成］-［ミラー］で左側からドラッグして、溝をすべて囲みます。

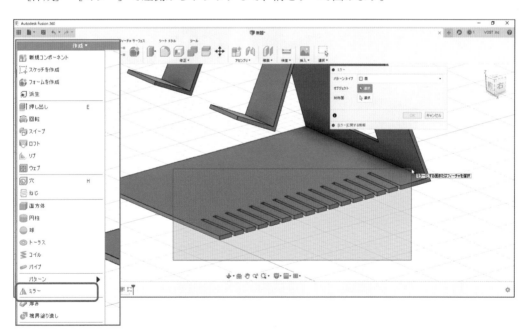

[選択] - [選択フィルタ] - [裏側も選択] を
有効にすることで、見えていない裏側の面も
選択することができます。

「対称面」で真ん中の面を選択し、コピーします。

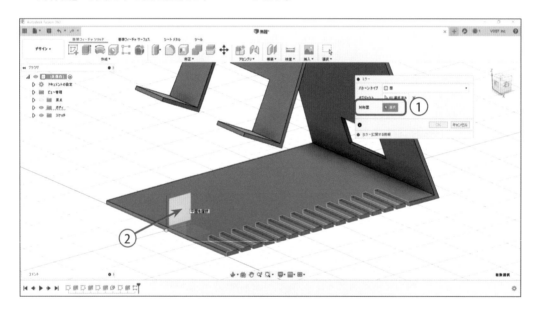

［修正］-［フィレット］で上の切り欠きのエッジに「R8mm」のフィレットを付けます。

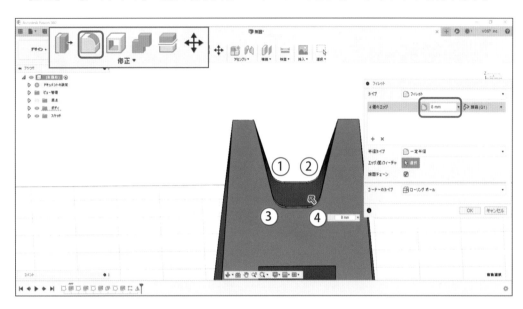

続いて、縦方向のエッジ6箇所と、背面の穴に「R6mm」のフィレットを付けます。

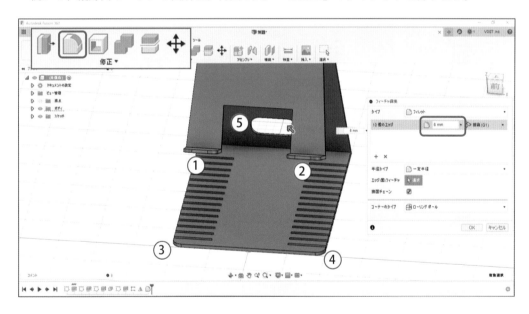

同様に、折れた部分のエッジ 10 箇所に「R5mm」のフィレットを付けます。

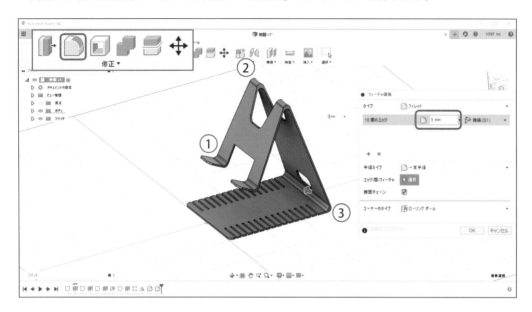

最後に残りのエッジに「R0.5mm」のフィレットを付けます。

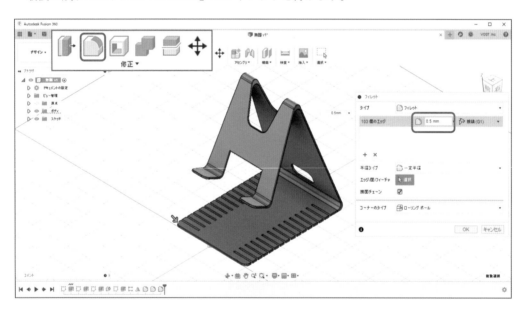

完成です！

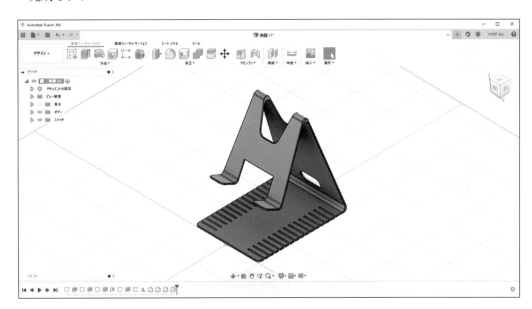

9.4 課題『おしゃれ本立て』

以下の画像のおしゃれ本立てを作ってみましょう。

完成品

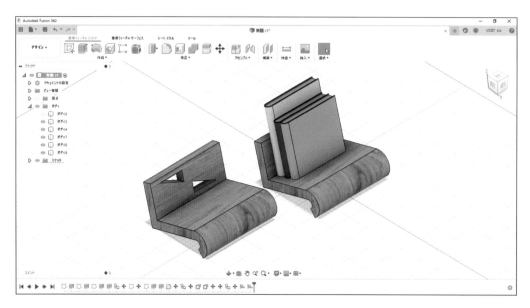

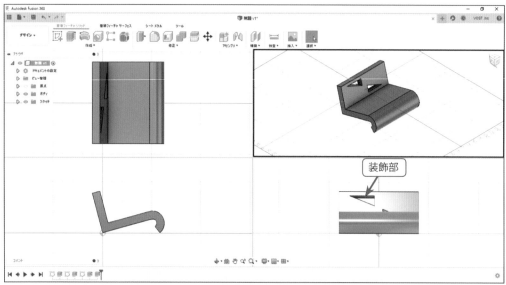

装飾部

作成の条件

● 基準とするスケッチ

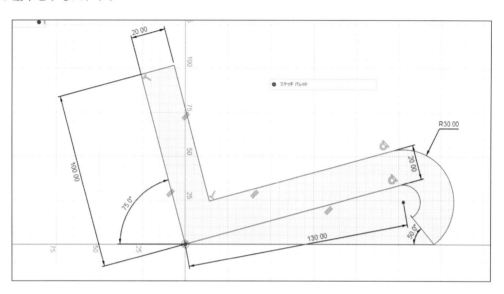

● 本体の奥行：160mm

● 装飾部のスケッチ

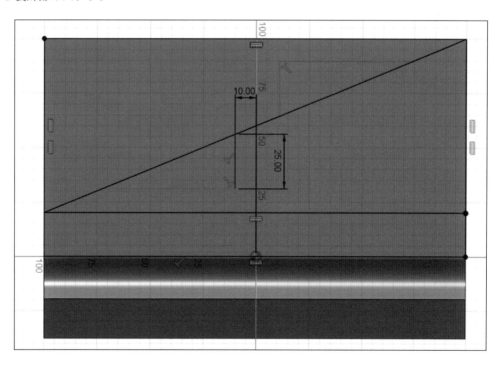

● 装飾部のテーパ（勾配）の角度：10°

● 角のフィレットの半径：15mm

作成のヒント

※以下の作成方法はあくまで一例です。いろいろな作り方を試してみてください。

①［スケッチ寸法］で角度の寸法を入れる際には、直線が 2 本必要です。
②［押し出し］の、［方向］-［対称］を使用する場合、片側の長さを入力します。
③スケッチの描き始めに形状の面を選択することで、斜め向きの面にスケッチを描けます。
④中心からの寸法を入れる場合、中点に［点］でポイントを取ると便利です。
⑤［円形状パターン］を使用するとスケッチを描く手間が少なくなります。

今回のモデル作成のための推奨コマンド

● ［作成］（スケッチ内）-［線分］
● ［作成］（スケッチ内）-［円弧］-［3 点指定の円弧］
● ［作成］（スケッチ内）-［スケッチ寸法］
● ［作成］（スケッチ内）-［円形状パターン］
● ［作成］-［押し出し］
● ［修正］-［フィレット］

解答

解答は、以下 URL にてご紹介しております。

https://cad-kenkyujo.com/book/ （「スリプリブック」で検索）

第 **10** 章

恐竜のドアストッパーを作ろう

次の内容を学習します。

- 画像を下書きにしたスケッチの描き方
- 線の描き方（直線、円弧、スプライン）
- 線の編集方法（トリム）
- 形状の作り方（押し出し）
- スケッチのコピーの方法
- 形状の配列コピーの方法
- 形状の修正方法
- スケッチの編集による形状の修正方法

10.1 この章の流れ

　この章では、恐竜のドアストッパーを作成しながら、スケッチをまたいだ曲線のコピーや曲線に沿った繰り返し形状コピー方法を学びます。

　最初に恐竜のベーススケッチを作成します（10.2、10.3節）。

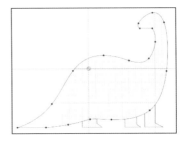

　背中の凹凸形状を作成し、曲線に沿ってコピーします（10.4、10.5節）。

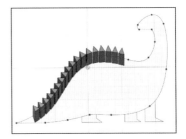

　胴体と脚を作成し、背中の凹凸と結合します（10.6、10.7、10.8節）。

10.2　下書きの恐竜の画像を配置しよう

　恐竜の基となる画像を、［挿入］-［キャンバス］コマンドを使用して配置します。挿入ダイアログで［Insert from my computer］を選択します。

　恐竜の画像を選択します。

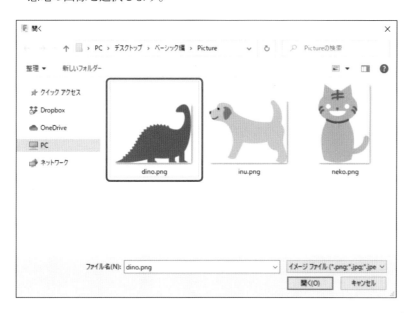

配置する平面を選択します。

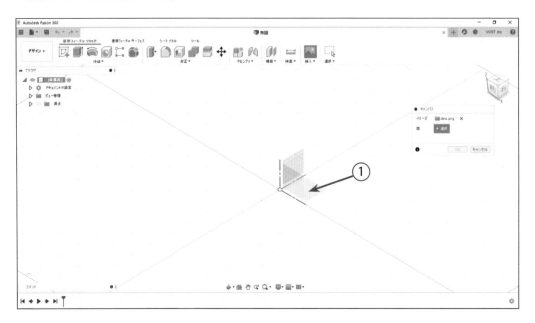

恐竜の大きさを「8倍」に変更します。

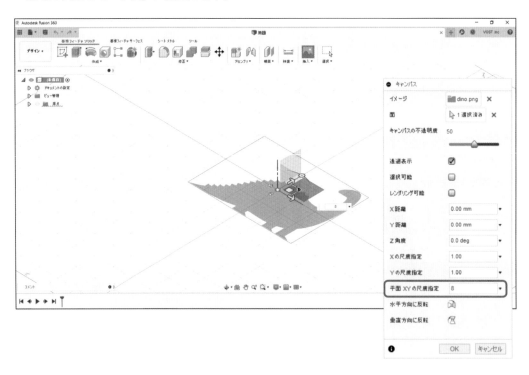

キャンバスの［位置合わせ］

　［下絵を挿入］で画像のサイズを変更する場合、「平面XYの尺度指定」で「○倍」という設定方法になります。しかし、「ここからここまでの長さが○○mm」という拡大縮小が必要な時もあります。そんな時に使用するのがキャンバスの［位置合わせ］になります。

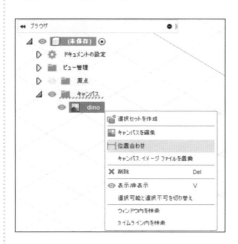

　ブラウザからキャンバスフォルダを開き、サイズを変更したい画像を右クリックし、ポップアップメニューから［位置合わせ］を選択します。

　サイズの基準とする2点を選択すると寸法が表示されます。寸法値を入力し、Enterキーで確定すると、寸法値に合わせて拡大縮小されます。

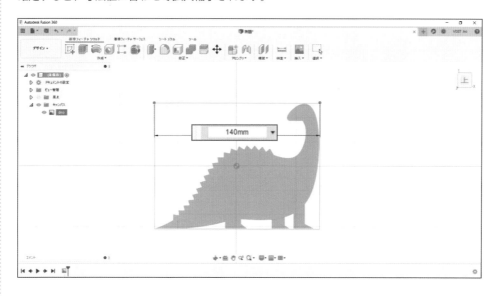

10.3　画像をなぞろう

［スケッチを作成］で XY 平面を選択し、後脚部をなぞります。

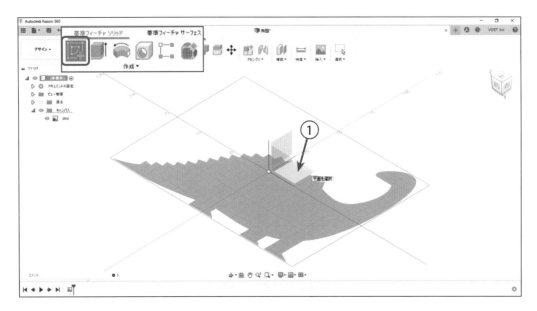

［作成］-［線分］で以下のような後ろ足を作成します。

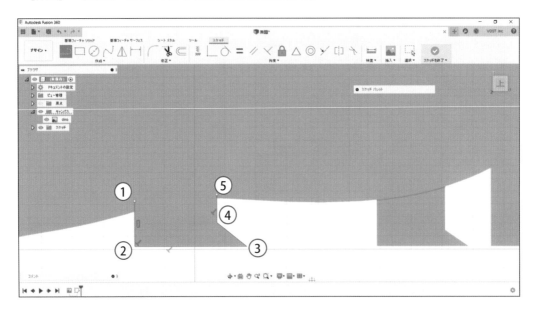

前脚部2本も同様になぞります。

ドアストッパーとして安定させるため、足の裏の高さが同じになるように「拘束」の［同一直線上］で高さを一致させます。

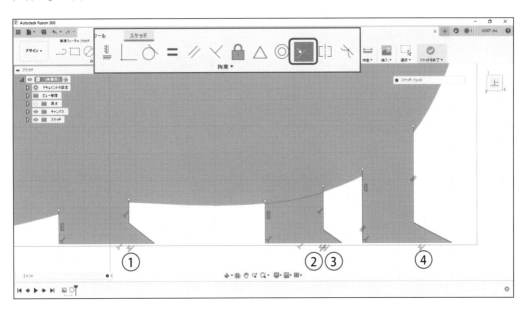

［作成］-［線分］でしっぽをなぞります。ここも、安定させるために後ろ足と［同一直線上］で高さを一致させます。

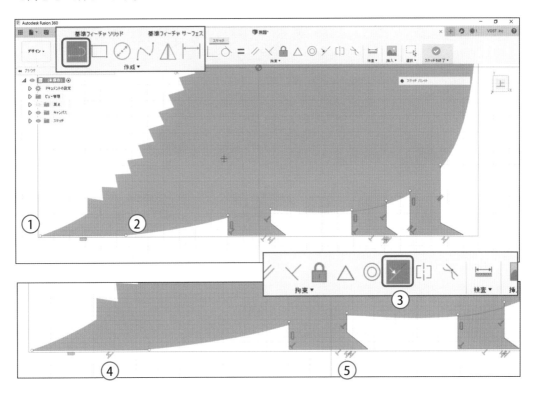

［作成］-［スプライン］-［フィット点スプライン］でしっぽから頭まで腹側をなぞります。

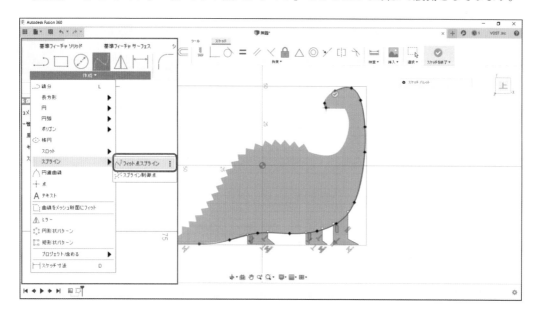

「拘束」の［曲率］でしっぽの線分とスプライン曲線をつなぐと滑らかに接続されます。

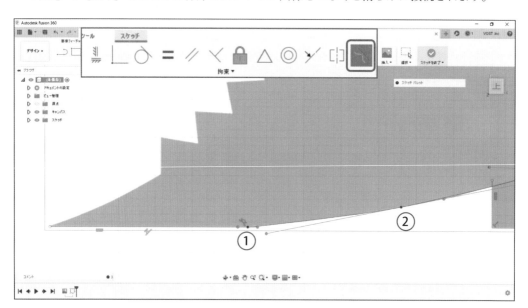

［作成］-［線分］で顎の下をなぞります。

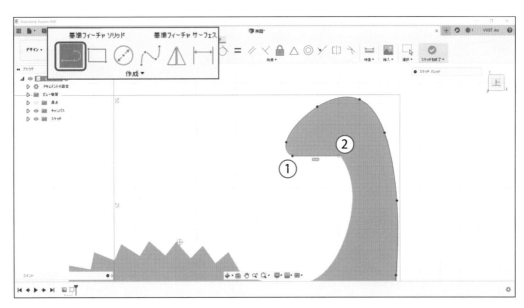

［作成］-［スプライン］-［フィット点スプライン］で首をなぞります。

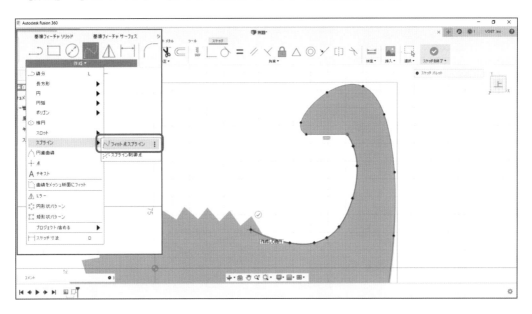

同様に、[作成] - [スプライン] - [フィット点スプライン]で背中をなぞり、首と背中を曲率で接続します。

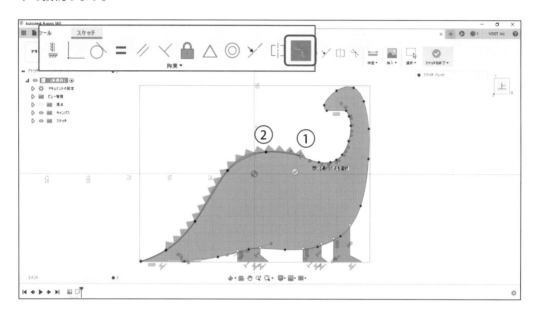

[修正] - [トリム]で足の余分な部分を削除します。ここまでできたら、[スケッチを終了]でスケッチを終了します。

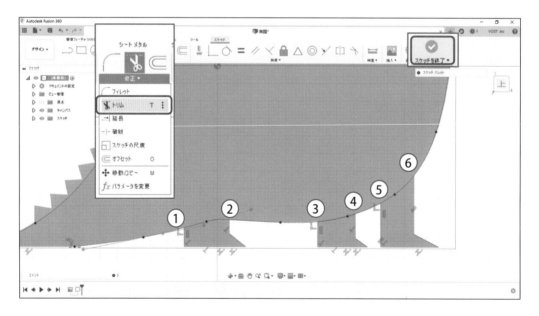

続いて背中の凸凹を描くため、ブラウザで「スケッチ1」を非表示にしておきます。

10.4　背中の凸凹を作ろう

［スケッチを作成］で XY 平面を選択します。

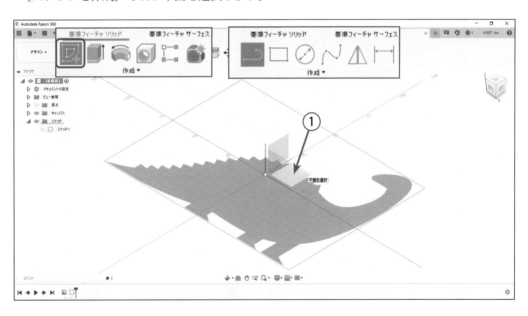

［作成］-［線分］で背中の凹凸部の輪郭を描きます。端の1つをなぞり、［スケッチを終了］でスケッチを終了します。

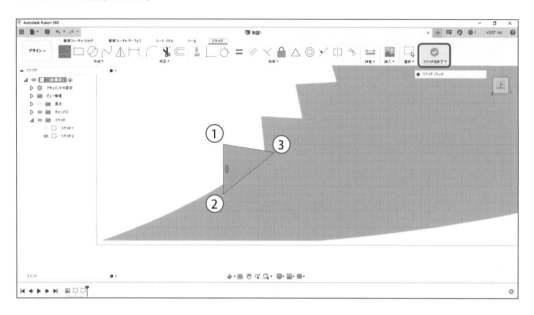

［作成］-［押し出し］で凹凸部の形状を作成します。「方向」を「対称」、距離を「10mm」に設定します。

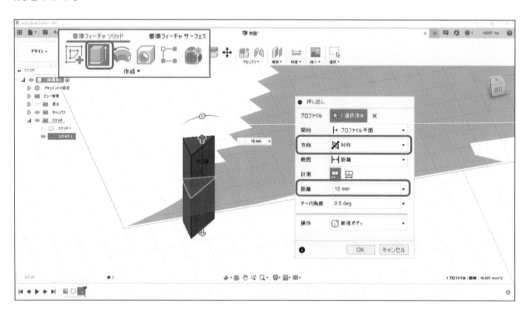

10.5 背中の凸凹をコピーしよう

　ブラウザで「スケッチ 1」を表示し、「スケッチ 1」の背中の曲線を左クリックで選択し、右クリックで［コピー］します。

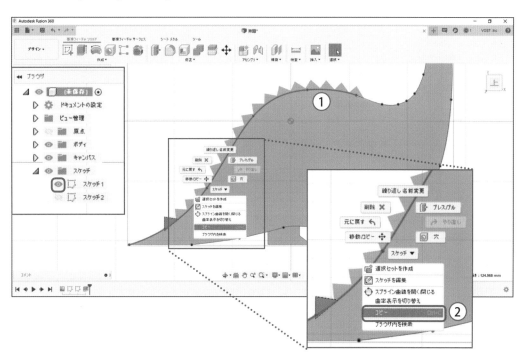

　［作成］-［スケッチを作成］で新しいスケッチを始めます。

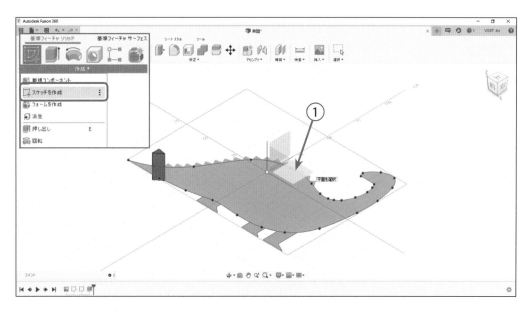

ブラウザで「スケッチ1」を非表示にし、画面上の何もないところで右クリック、[貼り付け]で新しいスケッチ上に背中の曲線を貼り付け、[スケッチを終了]でスケッチを終了します。

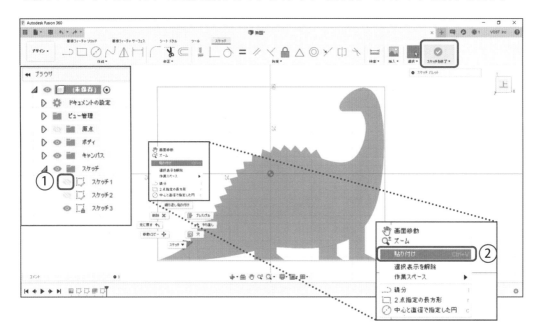

 Windowsの機能の、[Ctrl]+[C]（コピー）と[Ctrl]+[V]（貼り付け）でも同様のことができます。
Macの機能の、[Command]+[C]（コピー）と[Command]+[V]（貼り付け）でも同様のことができます。

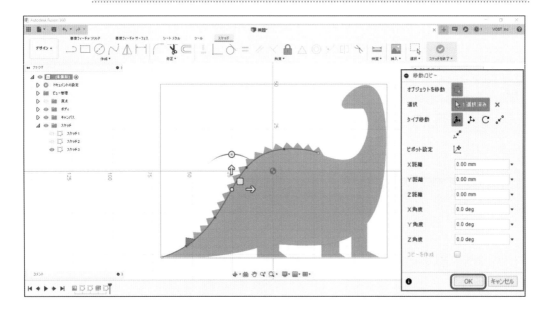

　［作成］-［パターン］-［パス上のパターン］で、三角柱を曲線上に配列コピーします。
　「パターンタイプ」を「ボディ」に設定し、「オブジェクト」で三角柱、「パス」でスプライン
曲線を選択します。

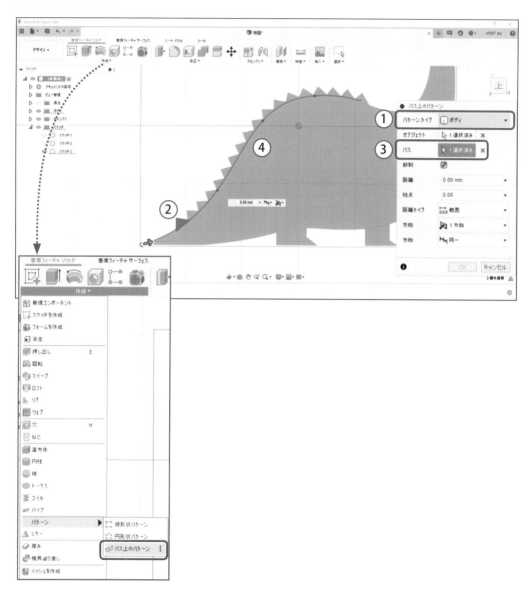

「距離」の矢印をドラッグ、「始点」のマークをドラッグし、「数量」を「18」に設定し、「方向」を「パスの方向」に設定します。

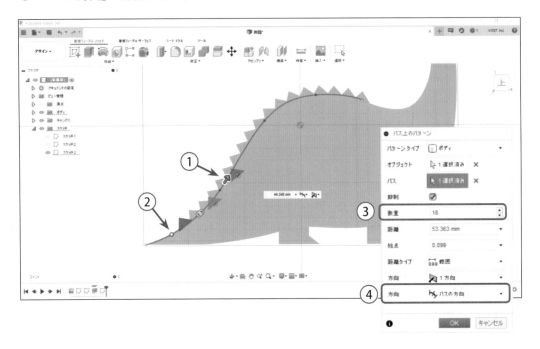

「距離」、「始点」をドラッグして任意の位置に微調整します。

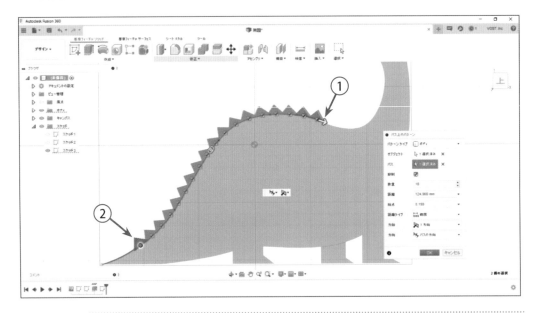

始点の数値は、0〜1の比率で設定します。今回は、三角のボディの位置に始点のポイントがくるように調整すると、スプライン曲線に沿った配列になります。

10.6 恐竜の胴体を作ろう

ブラウザで、キャンバスの「dino」と「スケッチ3」を非表示にし、「スケッチ1」を表示します。

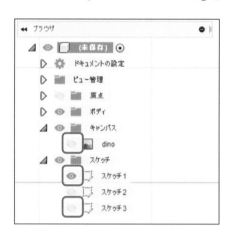

［作成］-［押し出し］で胴体部の形状を作成します。

「10mm」伸ばし、「方向」を「対称」、「操作」を「結合」にし、配列した形状と結合します。

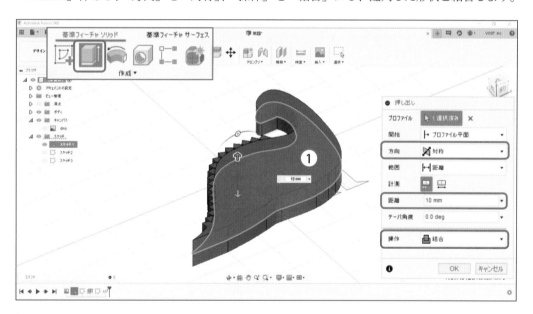

続けて足を作成するため、ブラウザで「スケッチ1」を表示しておきます。

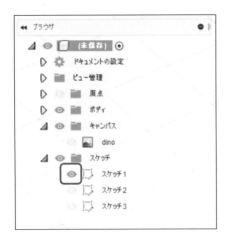

10.7 恐竜の足を作ろう

［作成］-［押し出し］で前脚部の形状を「10mm」伸ばします。

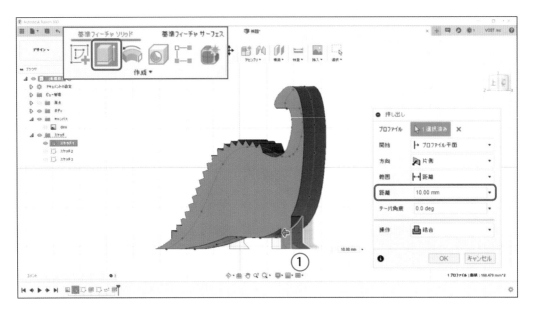

［修正］-［プレス / プル］で前脚部の内側を「2mm」切り取ります。

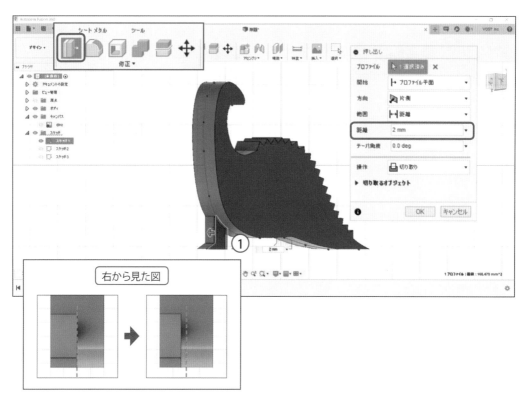

同様に、［作成］-［押し出し］でもう一方の前脚部を「-10mm」押し出します。スケッチが非表示になっている場合はブラウザで表示してください。

こちらも［修正］-［プレス / プル］で前脚部の内側を「-2mm」切り取ります。

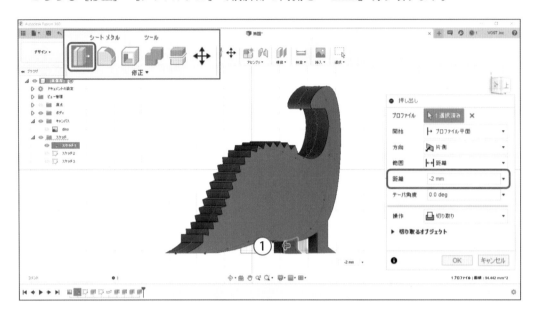

同様に、［作成］-［押し出し］で後脚部を対称に「10mm」伸ばします。「方向」を「対称」に設定します。スケッチが非表示になっている場合はブラウザで表示してください。

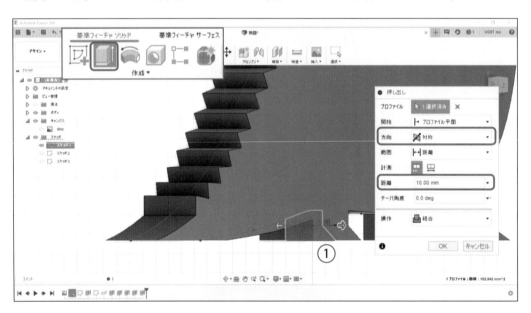

ブラウザで「ボディ1」を非表示に、「スケッチ1」を表示します。

　[作成]-[押し出し]で後脚部を、「方向」を「対称」に設定して「2mm」に設定し、ブラウザで「ボディ1」を表示します。「操作」が「切り取り」に変わったことを確認して、[OK]で確定します。

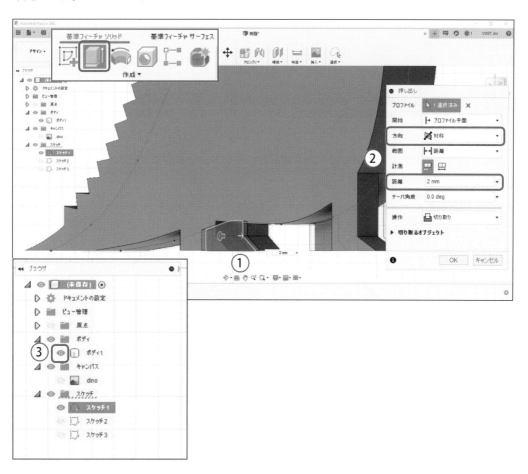

10.8 スケッチを編集してカタチを変えてみよう

背中の凹凸部のスケッチを編集します。ブラウザの「スケッチ2」の上で右クリックし、[スケッチを編集] を選択します。

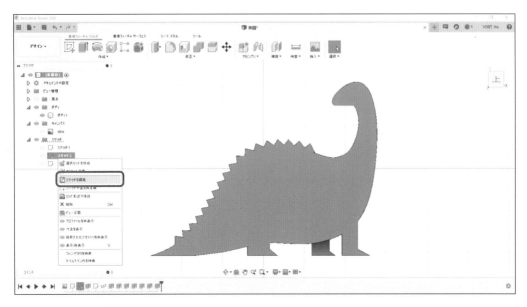

 スケッチの修正時は、スケッチを作成した時点まで履歴が自動で遡ります。そのため、スケッチの作成時点で存在しなかった形状などは、一時的に非表示になります。

背中の凹凸部のポイントをドラッグし、凹凸部の輪郭を変更し、[スケッチを終了] でスケッチを終了します。

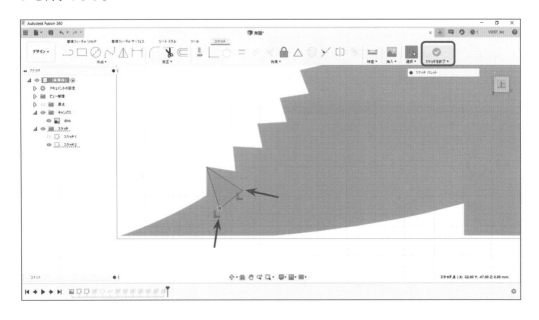

［修正］-［面取り］で側面のエッジに「0.5mm」の面取りを付けます。

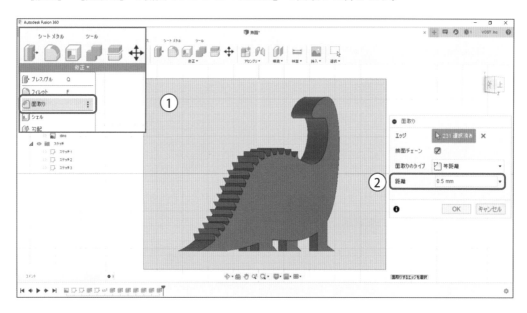

完成です！

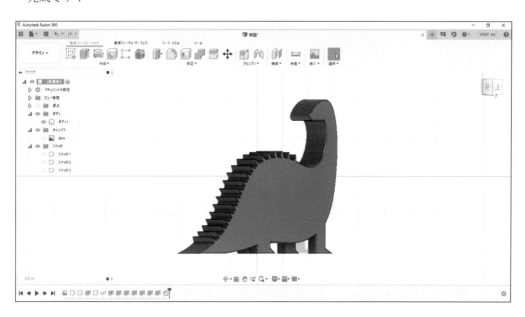

10.9 課題『ハムスターハウス』

以下の画像のハムスターハウスを作ってみましょう。

完成品

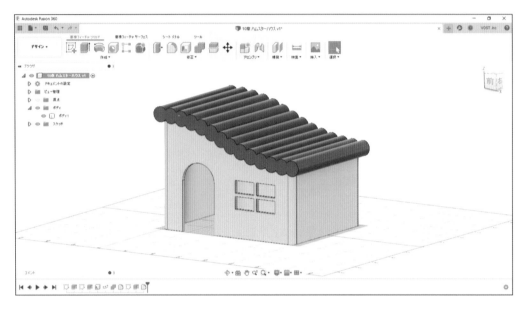

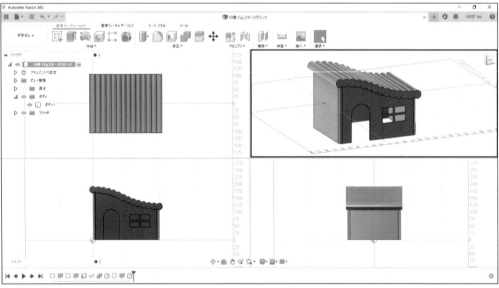

作成の条件

● 家の外形とするスケッチ

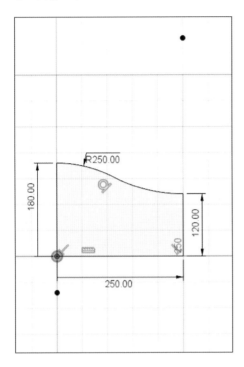

● 家の奥行：200mm

● 屋根部分の1つの円筒の直径：25mm

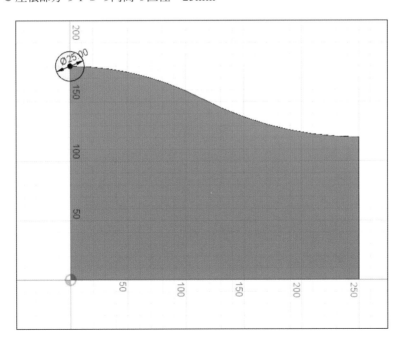

- 並べる円筒の数：14 個
- 並べる円筒の総距離：260mm
- 屋根部分のはみ出し量：両側に 5mm ずつ
- 家の側面のフィレット半径：10mm
- 家の壁の厚み：5mm
- 入口と窓のスケッチ

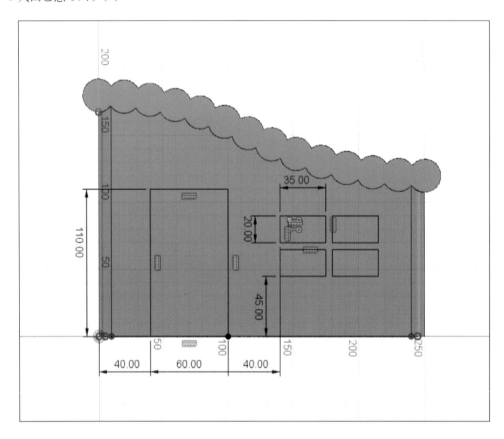

- 入口上のフィレット半径：30mm

作成のヒント

※以下の作成方法はあくまで一例です。いろいろな作り方を試してみてください。

①家の外形スケッチの屋根部分の円弧は、中心点を家の側面に「一致」させることで形を整えます。

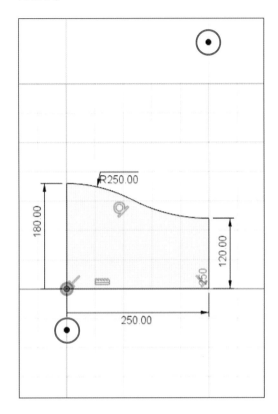

②屋根部分の円は、別形状として押し出して［パス上のパターン］で並べ、［結合］します。
③屋根部分は別形状として作成しておくことで、屋根部分のみをはみ出した形にできます。
④スケッチを描く際に家の壁を選択すると、壁にスケッチを描くことができます。

今回のモデル作成のための推奨コマンド

● ［作成］（スケッチ内）-［線分］
● ［作成］（スケッチ内）-［円弧］-［3点指定の円弧］
● ［作成］（スケッチ内）-［円］-［中心と直径で指定した円］
● ［作成］（スケッチ内）-［長方形］-［2点指定の長方形］
● ［作成］（スケッチ内）-［矩形状パターン］
● ［作成］（スケッチ内）-［スケッチ寸法］
● ［作成］-［押し出し］
● ［修正］-［プレス/プル］

- ●［修正］-［フィレット］
- ●［修正］-［シェル］
- ●［修正］-［結合］

解答

解答は、以下 URL にてご紹介しております。

https://cad-kenkyujo.com/book/（「スリプリブック」で検索）

索 引

■ 著者プロフィール

三谷 大暁（みたに・ひろあき）
株式会社 VOST 最高技術責任者
1984 年鳥取県倉吉市生まれ。
横浜国立大学在学中に「ものづくり」に興味を持ち、製造業に飛び込む。
3D CAD/CAM ソフトウェアを通じて多数のコンサルティングの経験を持ち、製品設計・金型設計・マシニング加工等、「設計から製造」までの幅広い業種の知識を生かした現場目線の問題解決を得意とする。
誰でも「ものづくり」ができる世界を目指し、株式会社 VOST の立ち上げメンバーとして参画。

別所 智広（べっしょ・ともひろ）
株式会社 VOST 代表取締役
1983 年東京都豊島区生まれ。
横浜国立大学工学部在学中に独学で経営学を学ぶ。
IT ベンダーにて製造業向けのシステム営業を経験後、3D CAD/CAM メーカーにてテクニカルコンサルティングに従事。
外資系 CAD/CAM メーカーで経験を積む傍ら、企業だけではなく個人が最新技術を活用して「ものづくり」ができる世界を目指し、株式会社 VOST を設立。

坂元 浩二（さかもと・こうじ）
株式会社 VOST DD
1985 年大阪府豊中市生まれ。
武蔵工業大学（現 東京都市大学）にて情報メディアを学ぶ。
CAD 技術者という経歴と海外の放浪経験で培った独特の感性を活かして、WEB 構築やデザインを行う。
日本の「ものづくり」を世界に発信する基地局となることを目指し、株式会社 VOST の立ち上げメンバーとして参画。

協力：大塚 貴、清水 裕子、渋谷 美幸、臼木 菜穂、矢内 宏樹、宇山 明穂、矢田 了

次世代クラウドベース 3DCAD

フュージョン　スリーシックスティー
Fusion 360 操作ガイド ベーシック編
2020 年版

2016 年 2 月 25 日　初版　第 1 刷発行
2020 年 2 月 10 日　第 4 版 第 1 刷発行

著　者　スリプリ（株式会社 VOST）　三谷 大暁／別所 智広／坂元 浩二
発行人　石塚 勝敏
発　行　株式会社 カットシステム
　　　　〒 169-0073 東京都新宿区百人町 4-9-7　新宿ユーエストビル 8F
　　　　TEL （03）5348-3850　　FAX （03）5348-3851
　　　　URL　http://www.cutt.co.jp/
　　　　振替　00130-6-17174
印　刷　シナノ書籍印刷 株式会社

本書に関するご意見、ご質問は小社出版部宛まで文書か、sales@cutt.co.jp 宛に
e-mail でお送りください。電話によるお問い合わせはご遠慮ください。また、本書の内
容を超えるご質問にはお答えできませんので、あらかじめご了承ください。

Cover design　Y.Yamaguchi　　　© 2019 三谷大暁／別所智広／坂元浩二
Printed in Japan　ISBN978-4-87783-474-6